Sigrid Offenstein

La conservation numérique du dépôt légal à la Cinémathèque québécoise

Sigrid Offenstein

La conservation numérique du dépôt légal à la Cinémathèque québécoise

Méthodologie de conduite de projet pour un plan de sauvegarde et de numérisation des fonds

Éditions universitaires européennes

Imprint

Any brand names and product names mentioned in this book are subject to trademark, brand or patent protection and are trademarks or registered trademarks of their respective holders. The use of brand names, product names, common names, trade names, product descriptions etc. even without a particular marking in this work is in no way to be construed to mean that such names may be regarded as unrestricted in respect of trademark and brand protection legislation and could thus be used by anyone.

Cover image: www.ingimage.com

Publisher:
Éditions universitaires européennes
is a trademark of
International Book Market Service Ltd., member of OmniScriptum Publishing Group
17 Meldrum Street, Beau Bassin 71504, Mauritius

Printed at: see last page
ISBN: 978-613-1-55116-1

REMERCIEMENTS

Je tiens à remercier toute l'équipe de la Cinémathèque québécoise, sans laquelle ce travail n'aurait pas été possible. En particulier Stéphanie Côté et Marie-Pierre Lessard, mes collègues d'une année, mes amies d'une vie.

Merci aussi à la Direction de l'Enseignement Supérieur d'Ina SUP, qui a su être présente à chaque instant. Je tire mon chapeau à Jean-Noël Gouyet et Jean Varra, pour avoir eu la patience de répondre à mes questions existentielles et techniques. Un petit clin d'œil à Didier Allard, photographe inspiré.

Enfin, un grand merci à mes parents, qui m'ont soutenue dans mon choix de partir au Canada, jusqu'à trouver des solutions matérielles pour rendre mon départ possible.

SOMMAIRE

INTRODUCTION

Les présents travaux ont pour objectif de poser les bases d'une méthodologie de conduite de projet de sauvegarde et de numérisation d'archives audiovisuelles, applicable aux collections de la Cinémathèque québécoise, institution privée à but non lucratif fondée en 1963 par un groupe de cinéastes passionnés. L'expertise de la Cinémathèque en matière de productions québécoises et canadiennes, ainsi que dans le champ du cinéma d'animation international en fait une institution connue et reconnue dans son milieu.

Depuis 2006, la Cinémathèque est chargée de conserver les éléments de film et de télévision qui lui sont déposés au titre du Dépôt Légal. Au printemps 2009, elle possède 5788 titres, dont 106 ont été déposés sur support film. Le fonds est donc constitué à 98% de supports vidéo, parmi lesquels se trouvent 16% de Betacam SP, un format de vidéo analogique, mais également des films sur support DVD, DVCPro, Mini DV, Beta SX, HDCAM, HDCAM SR, DVCPro 50, DVCam, Beta Num, Betacam Mpeg IMX, D5 HD, des formats vidéo numériques. Dans une démarche prospective, il nous a été proposé d'envisager la numérisation de cette partie du fonds, en élaborant une méthodologie de conduite de projet qui puisse s'appliquer, par la suite, aux collections de la Cinémathèque, composées notamment de bobines ½ pouce, ou de vidéocassettes Umatic et de bandes 1 pouce. Des supports vidéo analogiques qui posent de lourds problèmes de conservation et de lecture.

Ces travaux ont donc pour objectif de dresser un tableau des différentes étapes à franchir pour sauvegarder et numériser un fonds d'images animées. Une fois ces étapes déterminées, nous devrions être en mesure d'établir un budget pour couvrir le coût des opérations. Ce budget, fort des recommandations techniques qui le sous-tendent, devrait pouvoir être présenté aux financeurs principaux de la Cinémathèque, afin de débloquer des fonds pour entamer le plan de numérisation.

Pour mener à bien notre mission, il sera nécessaire de tenir compte de deux paramètres. Tout d'abord, le contexte institutionnel au sein duquel le plan de sauvegarde et de numérisation (PSN) prendra place. La Cinémathèque se doit, à double titre, celui du dépôt légal et celui de cinémathèque, d'honorer des engagements précis, selon des modalités particulières, et toujours dans le respect des missions qui lui ont été attribuées, avec les

5

moyens dont elle dispose. Le second point à ne pas perdre de vue réside dans le caractère permanent du plan de sauvegarde. Nous nous situons dans une logique de conservation, ce qui signifie que la numérisation doit être envisagée comme stade nécessaire et récurant de la stratégie adoptée. Expertise, transfère, préservation, tout ceci exige un suivi et des mises à jours régulières. Il ne s'agit donc pas d'envisager le PSN comme un processus limité dans le temps. D'autant plus que nous nous plaçons également dans une logique de collection vouée à s'enrichir, notamment par des formats nés numériques, qui n'échappent pas aux problématiques de migration.

Dans une première partie, ce travail pose le cadre dans lequel le plan de sauvegarde et de numérisation prendra place. Il s'agit notamment de décrire le fonctionnement de la structure Cinémathèque, les missions qui lui incombent et les moyens dont elle dispose. Nous détaillerons dans cette même partie les objets de notre propre mission. Enjeux patrimoniaux, sociétaux, éditoriaux, techniques, économiques, un plan de sauvegarde soulève toujours plusieurs questions et se doit d'y répondre. Enfin, cette partie introductive nous permettra également de dresser une liste de l'existant. Par existant, nous entendons état des fonds à traiter, mais également moyens financiers et humains à disposition.

La deuxième partie des travaux sera consacrée à la problématique posée par la sauvegarde du fonds, les préconisations à formuler, ainsi que les coûts engendrés par un tel chantier. Cette partie du raisonnement devrait être réutilisée par la Cinémathèque pour convaincre ses principaux investisseurs de dégager des fonds nécessaires au PSN.

Dans une troisième partie, nous étudierons les perspectives d'avenir intéressant la maintenance et l'utilisation de ce fonds numérisé, et nous tenterons de cerner les ambitions de la Cinémathèque en matière de communication de ses archives au grand public. Projets dont la concrétisation sera permise par la combinaison des opérations de numérisation et l'octroie éventuel de licences sur les titres acquis dans le cadre du dépôt légal (DL).

Partie 1 – La Cinémathèque québécoise, garante de la conservation du patrimoine audiovisuel et cinématographique du Québec

I. Présentation de la Cinémathèque québécoise

A. « Une histoire, une mission, un espace »[1]

Fondée à l'initiative de Guy L. Coté en 1963, la Cinémathèque québécoise est une institution privée, en charge de la conservation et de la diffusion du cinéma, et depuis 2005, de la vidéo et de la télévision. De renommée internationale, la Cinémathèque a également une vocation régionale, car garante de la conservation et de la diffusion des films et documentaires québécois. Membre de la Fédération Internationale des Archives du Film (FIAF), la Cinémathèque compte également parmi les membres de la Fédération Internationale des Archives de Télévision (FIAT).

La Cinémathèque s'est fait une spécialité du cinéma d'animation et du cinéma québécois et canadien. L'institution dispose d'entrepôts de conservation à Boucherville, ainsi qu'à Mirabelle. Les conditions de conservation y sont optimum, tant au point de vue de l'hygrométrie que de la température. Les films acétate en noir et blanc et les bandes magnétiques sont entreposés à 14°c et 50% d'hygrométrie relative (H.R) ; les copies couleurs bénéficient d'une hygrométrie et d'une température plus basses (10°c et 40%) ; les négatifs originaux sont quant à eux entreposés à -5°c et 40% R.H. En matière de diffusion et d'accessibilité, la Cinémathèque propose des programmations régulières et variées, ainsi que l'accueil du public en médiathèque ou dans ses salles d'exposition. Le catalogue de ses collections est en ligne et recouvre les collections cinéma, télévision (pour les productions canadiennes et québécoises uniquement), nouveaux media, documentation, afférentes et vidéo de consultation.

---

[1] Titre extrait du site Internet de la Cinémathèque québécoise, URL : http://cinematheque.qc.ca/cinematheque/histoire.html, page consultée le 8 mai 2009.

Les collections afférentes au film comprennent photographies (tirages et négatifs), affiches, scénarios, appareils de production et de lecture, documents d'archives et de travail, éléments d'animation, enregistrements sonores. Pour ce qui est des acquisitions, les maisons de production et de distribution, les réalisateurs, les techniciens du cinéma sont invités à verser des fonds. Concernant le dépôt légal, en vigueur depuis le 31 janvier 2006, les producteurs se doivent de livrer une copie de projection à la Cinémathèque dans les six mois qui suivent la sortie nationale ou internationale du film ou documentaire.

La Cinémathèque québécoise ne dispose pas d'un statut muséal reconnu qui formaliserait son mandat et son rôle au sein de la société québécoise. Une reconnaissance de la part du gouvernement qui aiderait l'institution dans ses efforts permanents de collecte de fonds. Néanmoins, après plusieurs années de déficit, la Cinémathèque reste à l'équilibre budgétaire depuis cinq ans. Constituée en « *corporation sans intention de faire un gain pécuniaire* »[2], la Cinémathèque est gérée par un Conseil d'Administration composé de quinze administrateurs, dont trois sont nommés par le Gouvernement du Québec. Elle bénéficie des fonds de divers organismes et institutions d'État tels que, pour l'année 2009 :

- Le Ministère de la Culture, des Communications et de la condition féminine (2 000 000,00 $[3] d'aide versés pour 2009, soit 1 287 759,41 €)
- Le Conseil des Arts du Canada (217 000,00 $, soit 140 000,00 €)
- Le Conseil des Arts de Montréal (100 000 $, soit 64 500,00 €)
- La Fondation de la Cinémathèque (fonds de dotation à long terme de 140 000,00 $, soit 90 165,00 €)
- Emploi Québec (aide à la création d'un service des ressources humaines)
- La Société de développement des entreprises culturelles (aide à la mise en ligne des collections afférentes au cinéma, à la télévision et aux nouveaux *media*)
- Jeunesse Canada au travail (aide au financement de contrats à durée déterminée)

---

[2] Cf. ANNEXE 1, *Lettre patente constituant en corporation CONNAISSANCE DU CINEMA*, archives de la Cinémathèque québécoise.
[3] CAD : dollars canadiens.

Les missions de la Cinémathèque sont les suivantes :
- Promouvoir la culture cinématographique ;
- Créer des archives de Cinéma ;
- Acquérir et conserver les films, ainsi que la documentation qui s'y rattache ;
- Projeter les films et exposer les documents de façon non commerciale, dans un but historique, pédagogique et artistique.

Elle est autorisée à mener des campagnes de financement par voies de souscriptions publiques ou autres pour mener à bien ses différents mandats.

A cela s'ajoutent des objectifs institutionnels[4], à la fois conjoncturels et structurels, à savoir :
- Effectuer un redressement financier majeur ;
- Diversifier les revenus et examiner l'intérêt que peut représenter une reconnaissance officielle du double statut de cinémathèque et de musée ;
- Miser sur le personnel ;
- Investir dans les technologies numériques et les actifs immobiliers ;
- Développer le *membership* et diversifier la clientèle.

B. Le « Grand chantier » et le contexte médiatique favorisent le choix du Dépôt Légal comme fonds d'application du plan de sauvegarde et de numérisation

• *Le « Grand chantier » de la Cinémathèque devra profiter du plan de sauvegarde appliqué au dépôt légal*

Depuis l'automne 2008 et la nomination de Pierre Véronneau à la tête des collections de la Cinémathèque, la structure est entrée dans une ère de changements organisationnels, d'abord en ce qui concerne le mode d'acquisition de ses collections, et surtout en matière de catalogage et d'inventaire des titres en sa possession. A la rentrée 2009, les réunions se sont multipliées au sein du service de la conservation. Il est question de trouver une cohérence dans les acquisitions et de cataloguer les fonds non encore enregistrés en lot à réception, soit 7% des fonds.

---

[4] Source : Cinémathèque québécoise, *Rapport annuel 2008-2009*, p. 4.

« Il faut avoir une certaine cohésion dans les archives : on n'en est pas à ramasser n'importe quoi. La priorité, c'est le cinéma d'animation et le national. Ce sont les deux priorités depuis le début de la Cinémathèque. Vu la quantité énorme de ce qui est produit, il faut faire des choix. »[5]

L'étude d'un plan de sauvegarde et numérisation des fonds versés au titre du dépôt légal (DL) trouve également son sens dans ce « grand chantier ». Il s'agit, dans une démarche prospective, de sensibiliser les pouvoirs publics, pourvoyeurs de financements, à la nécessaire migration des fonds en vue d'une exploitation future et, à plus court terme, d'honorer la mission de conservation qui a été confiée à la Cinémathèque. Le DL jouissant d'une attention plus soutenue de la part de ces financeurs potentiels, il serait plus aisé, le catalogage des collections une fois terminé, d'obtenir des fonds pour appliquer à cette dernière la méthodologie de conduite de projet dont la structure souhaite faire profiter le fonds DL. Au mois de juillet 2009, la Cinémathèque a reçu la confirmation d'une subvention de 95 000$ de la part du Ministère de la Culture, des Communications et de la Condition Féminine. Elle est destinée à réaliser une partie du « Grand chantier de traitement, de numérisation et d'accessibilité des collections audiovisuelles de la Cinémathèque », un projet qui s'échelonnera sur un minimum de trois ans.

« L'objectif général du projet est le traitement et la numérisation du patrimoine audiovisuel de la Cinémathèque québécoise, en particulier le contenu québécois, dans le but de le rendre plus largement accessible. Cet objectif se décline comme suit :

Première étape :
Phase 1 : La première phase de la première étape permettra d'analyser l'état de la situation des collections, de rédiger un plan d'action en matière de traitement, de numérisation et d'accessibilité de nos collections et de mettre à jour notre base de données. Elle s'étendra sur une durée de quatre mois.

[5] Extrait de l'entretien de Pierre VERONNEAU et Anabelle NICOUD, paru dans *Moncinéma. Cyberpresse.ca*, URL : http://moncinema.cyberpresse.ca/nouvelles-et-critiques/entrevues/entrevue/8292-Pierre-veronneau—c, page consultée le 11/05/09.

Phase 2 : La seconde phase consistera en la mise en œuvre du plan de traitement des collections, en incluant également quelques actions en matière d'accessibilité numérique. Elle se déroulera sur une période de trois ans.

Deuxième étape :
Phase 1 : La première phase de la deuxième étape mettra l'accent sur la restauration et la numérisation des œuvres priorisées.
Phase 2 : Et, enfin, la deuxième phase nous permettra d'implanter nos processus et nos pratiques en matière d'accessibilité, de valorisation et de gestion des droits. Cette dernière étape importante permettra à la Cinémathèque de consolider ses normes professionnelles en matière de gestion de ses collections. »[6]

Un technicien à la conservation viendra enrichir l'équipe de la Cinémathèque pour six mois à compter d'octobre 2009.

• *Quebecor et le projet Éléphant : un plan massif de numérisation de grands classiques du film québécois*

Lancé en novembre 2008 par Quebecor[7], le projet Éléphant consiste à numériser 800 longs métrages québécois, puis à les transférer sur supports SD (Standard Definition) ou HD (High Definition). La société met en avant le caractère patrimonial de la démarche, et sa vocation à diffuser des œuvres nationales au grand public[8]. Une fois numérisés, les titres sont déposés sur « Illico », une plateforme de télévision numérique sur demande de Vidéotron, filiale de Quebecor Media Incorporation dans le domaine des télécommunications au Canada. L'entreprise œuvre dans le secteur de la télédistribution et du développement multimédia interactif. Les films sont donc accessibles 24 heures sur 24. Quebecor argue que, mise à part une somme couvrant les frais de fonctionnement de la plateforme, la totalité des revenus provenant de la diffusion des films sur le câble est reversée aux créateurs et artisans

---

[6] Source : Cinémathèque québécoise, *extrait de la demande de subvention au Ministère de la Culture, des Communication et de la Condition Féminine.*
[7] Quebecor est une société de communication présente en Amérique du Nord, en Europe, en Amérique latine et en Inde. Elle dispose de filiales dans le domaine de l'imprimerie commerciale, la câblodiffusion, les journaux, la télédiffusion, la musique, les livres, la vidéo loisir, les télécommunications d'affaires, le marketing interactif et les portails Internet.
[8] Voir la présentation en ligne du projet Eléphant par Quebecor, URL : http://elephant. Canoe.ca/a_propos/, page consultée le 11/05/09.

du cinéma québécois[9]. En outre, la plateforme Web qui accompagne le projet permet la consultation de synopsis, photos de tournage, entrevues, affiches de film et autre matériel afférent aux productions.

Deux points sont à souligner concernant la relation de la Cinémathèque au projet Eléphant et son influence sur un PSN. Tout d'abord, la Cinémathèque québécoise a du fournir, à titre gracieux, les originaux ayant servi à la numérisation, et ce sans qu'aucune reconnaissance de quelque ordre que ce soit lui ait été accordée par la suite. En outre, la Cinémathèque, dans son constant souci de trouver des financements, a mis en place une politique qui s'applique au cas par cas avec les organismes ou entités avec lesquels elle traite. Chaque matériel prêté à vue de numérisation doit lui revenir accompagné d'une copie numérisée. Quebecor, qui a bénéficié d'un tarif « déposant » pour faire sortir le matériel, devait en principe le retourner accompagné des copies numérisées. Or, à l'horizon 2010, aucune copie de ce type n'est parvenue à la Cinémathèque. On aurait pu penser que Quebecor aurait reversé à la Cinémathèque une partie des fonds générés par la diffusion des films, au titre du travail de conservation effectué par cette dernière dans les années passées et pour les années à venir. Il n'en fut absolument pas question. Un point qui souligne *l'urgence de revoir le mode de fonctionnement et la rémunération de la structure pour ses missions.* Deuxièmement, le projet *Éléphant* contraint la Cinémathèque à se demander quelle proportion de ses collections elle peut être amenée à numériser étant donné qu'*Éléphant* joue pour ainsi dire dans la même cour, et qui plus est avec ses propres jouets.

L'existence d'*Éléphant* et les conditions obscures qui entourent la collaboration entre Quebecor et la Cinémathèque, alliées au plan de réorganisation totale des collections et leur inventaire exhaustif, compliquent une approche sereine du fonds de la Cinémathèque. Pourtant, les questions de sauvegarde et de numérisation des fonds constituent un point incontournable du grand chantier et du quotidien de la structure. Nous avons donc choisi de nous intéresser à un fonds dont la gestion est régulée et contrôlée de manière sûre, qui plus est financée par des aides gouvernementales. Il s'agit du dépôt légal, dont la Cinémathèque a la charge depuis son instauration en 2006.

---

[9] On peut tout de même se demander si l'argent généré par les abonnements à Videotron va également à cette catégorie de population.

C. Le dépôt légal pose le cadre institutionnel et légal du plan de sauvegarde

Le dépôt légal des films et émissions de télévision québécois transfère la propriété des documents déposés à la Bibliothèque et Archives nationales du Québec (BAnQ). Cette dernière a confié à la Cinémathèque québécoise le mandat de conserver les documents déposés. *Par conséquent, le dépôt des copies s'effectue directement auprès de la Cinémathèque québécoise.*

La loi créant la Bibliothèque et Archives nationales du Québec (2005)[10] confère à cette institution le mandat de *coordonner le dépôt légal.* La Cinémathèque québécoise est mandatée pour en assurer la *conservation à long terme.* En vertu de l'article 20.9.1. de la Loi sur la Bibliothèque et Archives nationales du Québec, une copie de tous les films québécois produits avec l'aide du gouvernement du Québec doit désormais être déposée à la Cinémathèque par le producteur, dans les six mois de la première présentation au public de la version définitive du film.

Par « *produit avec l'aide du gouvernement du Québec* », il faut comprendre bénéficiaire de l'une des aides financières suivantes :

- Financement de la Société de Développement des Entreprises Culturelles (SODEC). Il s'agit d'une aide accordée par cet organisme d'Etat, sous forme d'investissement au projet, de subvention ou d'aide remboursable, qui encourage le développement, la production, la promotion et la diffusion des œuvres québécoises sur la scène internationale. L'un des domaines d'intervention de la SODEC est le cinéma et la production télévisuelle.
- Aide au financement par crédit d'impôt du gouvernement du Québec.
- Aide au financement par le soutien du Conseil des Arts et des Lettres du Québec (CALQ), pour ce qui est des producteurs indépendants.

Dans tous les cas, il faut que l'argent reçu du gouvernement québécois représente 50% ou plus de la totalité des aides financières accordées.

---

[10] Pour plus d'information sur l'historique du dépôt légal, Cf. : ANNEXE 2, *Historique du dépôt légal québécois.*

Le *film* est défini à l'article 2 de la loi sur le cinéma comme étant une « *œuvre produite à l'aide d'un moyen technique et ayant comme résultat un effet cinématographique* ». Le film québécois est un film dont le producteur est domicilié au Québec ou y a son principal établissement. Le producteur est le responsable de la prise de décision au cours de la production du film ; il doit en outre, s'il s'agit d'une coproduction, être le principal investisseur *(article 20.9.2. de la Loi sur Bibliothèque et Archives nationales du Québec)*. Le dépôt légal québécois ne concerne que les productions des secteurs privé et indépendant : les sociétés publiques telles que l'Office National du Film du Canada, la Société Radio-Canada, Télé-Québec et les productions gouvernementales doivent, en principe, s'assurer de la préservation de leurs éléments suite à des ententes avec les Archives nationales du Canada et du Québec, à Gatineau.

Les règlements ont été publiés dans la Gazette officielle du Québec, le 24 août 2005, le dépôt légal entre en vigueur le 31 janvier 2006. Deux particularités importantes à signaler et qui aideront à comprendre les décisions prises dans le cadre d'un possible plan de sauvegarde et de numérisation :

1. Les films produits sans le soutien financier, direct ou indirect, de l'État sont soustraits à l'obligation de dépôt légal ;
2. Dans le domaine de la production télévisuelle une sélection sera appliquée selon une grille qui distingue, par exemple, les émissions de variétés des documentaires uniques.

Comme partout où il est instauré, le dépôt légal exige des aménagements rapides et systématiques, une évolution constante. Parmi ces évolutions se trouve la nécessaire numérisation des fonds, à fin de migration et de conservation dans un premier temps, de communication et d'accessibilité ensuite.

Le règlement sur le dépôt légal des films stipule que pour une œuvre qui n'est pas diffusée sur support photochimique, le producteur doit déposer une copie enregistrée sur un support qui en assure la qualité optimale de diffusion. Cela signifie que le producteur doit déposer l'œuvre sur le meilleur support sur lequel elle existe et a été diffusée. *Il n'a pas l'obligation de transférer le film sur un support particulier spécifiquement aux fins du dépôt légal.*

Ainsi, pour la télévision, le producteur dépose une copie de qualité *broadcast*, identique à celle qui répond aux exigences de diffusion du télédiffuseur. Par exemple, si Société Radio-Canada exige du Betacam numérique, c'est sur ce support que le producteur doit déposer, et non pas en DVD. S'il s'agit d'une vidéo d'artiste dans laquelle le CALQ a investi et pour laquelle la copie optimale de diffusion est en miniDV, ce dernier format sera accepté. A noter que le producteur peut décider de déposer en HD un téléfilm qui aurait été diffusé d'abord en Betacam numérique mais pour lequel il existerait en réserve une copie en HD. De même, le producteur pourrait-il déposer un tirage 35 mm pour une production vidéo. Selon l'esprit du règlement sur le dépôt légal des films, le dépôt d'un support de qualité supérieure n'est pas exclu, mais le dépôt ne peut se faire au moyen d'un support de qualité inférieure. Pour un film diffusé sur support photochimique, le producteur doit déposer une copie neuve, tirée dans des conditions optimales d'étalonnage. Une copie zéro refusée ne convient pas. Si un film est produit en plusieurs versions, il faut en fait distinguer « variante » et « œuvre distincte ». De façon générale, la version définitive la plus longue et complète ayant fait l'objet d'une présentation publique doit être déposée, peu importe que cette version soit québécoise ou internationale. D'autre part, si une œuvre distincte a aussi été créée à partir de la version principale, par exemple une minisérie destinée à la télévision, cette autre œuvre doit aussi être déposée. Par contre, s'il existe des variantes de l'œuvre dont les différences ne sont que de quelques minutes, par exemple pour répondre aux contraintes de la grille horaire d'un télédiffuseur, celles-ci ne constituant pas des œuvres distinctes, elles n'ont pas à être déposées séparément.

Les catégories (Fiction, Documentaire, Magazine TV, Jeu-Questionnaire-Concours à contenu éducatif pour les moins de 13 ans, Variétés) correspondent à des catégories utilisées par la SODEC dans ses programmes. Cela constitue un guide pour les déposants. Les publicités produites pour les sociétés d'État, tout comme les films, ne sont pas soumises au dépôt légal : elles seront versées avec le fonds d'archives de l'institution auprès de Bibliothèque et Archives nationales du Québec en vertu de la Loi sur les archives. Les publicités de façon générale ne sont pas soumises au dépôt légal. Les films utilisés dans le cadre d'une installation vidéo, s'ils n'ont pas d'existence autonome en dehors de cette installation, ne sont pas soumis au dépôt légal.

II. Objet d'un plan de sauvegarde et de numérisation du fonds « dépôt légal » de la Cinémathèque québécoise

A. Anticiper sur les attentes des pouvoirs publics, un enjeu patrimonial fort

En instaurant le dépôt légal en 2006, le gouvernement québécois a clairement pris le parti de se porter garant de la préservation du patrimoine filmographique et audiovisuel de la province. La Cinémathèque conserve, au titre du dépôt légal, les archives nationales audiovisuelles et cinématographiques. Le Plan de sauvegarde et de numérisation tel qu'il s'organiserait répondrait donc à une *demande politique*. Les objectifs seraient les suivants :

- Évaluer l'état de conservation des fonds ;
- Préparer un plan de sauvegarde et de numérisation en instaurant, entre autres, une chaîne de transfère ;
- Préconiser un système de gestion des documents numérisés ;
- Évaluer les possibilités d'exploitation future du matériel une fois numérisé.

B. Établir une méthode de conduite de projet applicable au reste des collections de la Cinémathèque, sensibiliser les instances publiques à la situation de cette partie du fonds

Un PSN applicable au fonds du Dépôt Légal devrait également permettre l'obtention de financements supplémentaires, et sans doute une meilleure sensibilisation des pouvoirs publics à la situation des collections de la Cinémathèque. Si des projets comme *Éléphant* permettent une meilleure visibilité d'un pan entier du patrimoine filmographique québécois, il n'en demeure pas moins qu'une sélection s'opère, et qu'elle laisse dans l'ombre nombre de matériels dont la Cinémathèque a la charge, et qui se trouvent sur des supports obsolètes (Umatic, 1 pouce etc.) ou dans un état de dégradation avancé (films).

III. Identification de l'existant

A. Le fonds en chiffres au 27/05/09 – Définition d'une unité de mesure

Nombre de matériel au 27 mai 2009 :   6 247 éléments

Nombre de documents catalogués :   6 247 éléments

Nombre de programmes :   1 152

Nombre d'heures :   3 560 heures enregistrées au 27/05/09

Tableau référençant le nombre d'heures pour chaque support

Support	Nombre d'heures
Film (35 mm)	115
BetacamMPEG IMX	22
Betanum	1040
Beta SX	31
D5-HD	3
DVCAM	2
DVCPro	440
DVCPro HD	22
DVCPro 50	321
DVD	6
HDCAM	253
HDCAM SR	208
Mini DV	12
Beta SP	1085
TOTAL	3560

Tableau 1 - Cartographie du fonds Dépôt Légal de la Cinémathèque québécoise (nombre d'heures par supports conservés)

A noter dès à présent et dans le but d'améliorer la conduite du PSN, que la base de données Ciné TV de la Cinémathèque ne permet pas un accès direct aux deux dernières informations (heures de programme, nombre de programmes). Un calcul manuel est en effet nécessaire, même après exportation sous fichier Excel. Il serait bon de mettre en place un moyen de connaître plus facilement et surtout plus rapidement les heures cataloguées dans la base de données, ne serait-ce que pour répondre plus vite et sérieusement des missions qui sont confiées à la Cinémathèque, et pouvoir mettre en place un plan automatique de migration des heures sur support unique. Seuls deux techniciens catalogueurs sont chargés à plein temps de réclamer les copies de film, souvent à force de conversations téléphoniques, et de recevoir, vérifier, répertorier et cataloguer les fonds.

B. Cartographie du fonds indexé, contenus et supports au 27/05/09

Il s'agit d'opérer un tri dans les volumes, en fonction du genre et/ou du type de *media*. La meilleure approche, considérant que l'objectif reste la préservation, donc l'accès pérenne aux collections, serait de diviser nos collections par catégories nécessitant les mêmes mesures de préservation.

Première catégorie possible, le format / appareil de lecture

Film

Format	Nombre de matériel détenu
35 mm	**105**

Vidéo Numérique

Format	Nombre de matériel détenu
Betacam MPEG IMX	38
Betacam Numérique	2 585
Beta SX	46
D-5 HD	4
DVCAM	2

DVCPro	862
DVCPro 50	543
DVCPro HD	44
DVD	7
HDCAM	375
HDCAM SR	264
Mini DV	28
Total	**4 826**

Vidéo analogique

Format	Nombre de matériel détenu
Beta SP	**945**

Tableau 2 - Répartition du fonds par format / appareil de lecture

En ce qui concerne *l'âge* et *l'historique de stockage*, toutes les copies sont postérieures à 2006, date d'entrée en vigueur du DL. Leur qualité est contrôlée systématiquement pas un technicien dévolu à cette tâche aux entrepôts de Boucherville, elle doit être « excellente ». En cas de copie jugée trop défectueuse, ou support inadapté (gravure DVD ou copie endommagée par exemple), le matériel est renvoyé au producteur, avec demande expresse d'un renvoi de matériel en bon état. Le matériel est ensuite stocké sur compactus, à température et hygrométrie stables (les conditions de stockage sont régulièrement contrôlées, 10°c et 40% d'humidité relative).

Deuxième classement possible, par le contenu. L'objectif étant toujours de simplifier les choix à opérer en termes de préservation.

Le contenu / le genre par grandes catégories

	TV	Film	Vidéo Indépendante
Fiction	167	120	4
Humour	73	-	-
Comédie de situation	10	-	-
Documentaire	396	20	16
Film expérimental	-	-	1
Animation	14	5	1
Politique	5	-	1
Série documentaire	141	-	-
Emissions historiques	38	-	-
Emissions sur l'art	57	-	-
Variété	76	-	-
Educatif	5	-	2
Total titres / programmes	**982**	**145**	**25**

Tableau 3 - Répartition du fonds par contenus / genres

Considérant le caractère sélectif du dépôt légal québécois, il nous semble plus pertinent d'effectuer nos choix *au regard des supports* et non des genres, partant du principe que tout ce qui est déposé doit être sauvegardé selon mandat, et que tout parvient à la Cinémathèque dans un excellent état. Nous notons dès maintenant la grande variété des supports vidéo numériques, notamment la présence de petits échantillons de supports amateurs. *Il serait bon de faire passer en priorité la migration de ces supports sur un support unique.*

Notons également la large majorité des émissions de télévision dans le fonds.

En ce qui concerne la recherche des données, une fois encore la base Ciné TV n'est absolument pas pensée pour effectuer des statistiques et manipuler chiffres et informations. Il serait préférable de penser une base de donnée à part de celle gérant les fonds de la Cinémathèque, ou du moins un module indépendant des autres modules de ciné TV, et non un onglet inséré dans le module répertoire. Un outil permettant de travailler plus efficacement sur le fonds du DL.

C. Évaluer l'état physique et les conditions de stockage des media

L'objectif de cette étape est de déterminer les niveaux de traitement à appliquer. Un échantillonnage par support des collections s'avère nécessaire à ce stade, ceci pour une question de temps et d'argent.

a) *Cartographie des supports par niveaux de dégradation par types de support, avec indication des volumes correspondants*
Dans le cas du DL de la Cinémathèque, nos supports sont en excellent état à 100%. La difficulté du plan ne réside pas dans la dégradation physique, mais dans la multiplication des formats récupérés, susceptibles pour beaucoup de souffrir d'obsolescence plus vite que prévu.

b) *Identification des conditions climatiques de conservation*
- Relevé de température et variations journalières
Les supports sont conservés à température constante de 10℃.
- Relevé d'humidité relative et variations journalières
RH stabilisée à 40%
- Renouvèlement d'air et présence de poussière
L'air entrant dans les bureaux et les chambres de conservation de Boucherville est filtré par des machines. Il se répartit dans l'ensemble de la bâtisse. Certaines molécules de gaz, chimiques, sont ainsi emprisonnées dans des filtres. Les machines en question font jusqu'à 2 mètres de long. Elles comportent 3 niveaux de filtrage, du plus grossier au plus précis, ce qui permet de changer le premier filtre une fois le mois, le second et le troisième moins régulièrement.

c) Évaluation de l'état des machines d'exploitation

- Type/âge/durée d'opération

Les appareils de lecture des formats vidéo électronique ont en majorité 5 ans. Vérifiés régulièrement, ce ne sont pas les appareils dont l'état inquiète le plus la Cinémathèque, au contraire des appareils de lecture des vieux supports : 1 pouce, 2 pouce, 3/4 de pouce, et ce qui nous intéresse davantage, le ½ pouce.

- Disponibilité

La Cinémathèque est en mesure de lire tous les formats recensés dans le fonds du dépôt légal (Beta SP, formats numériques, film), excepté les formats HD, professionnels comme amateurs. Il est peut-être question d'acquérir dans un appareil de lecture HDV courant 2010, format amateur, donc moins onéreux qu'un appareil de lecture professionnel.

- État de fonctionnement

Le matériel de lecture est régulièrement vérifié. De plus, les machines disposent souvent de moyens d'enregistrer certains paramètres d'utilisation de l'appareil (nombre de cassettes lues, mètres de ruban joués, nombre de fois où l'appareil a été mis sous tension, heures d'utilisation des têtes de lecture).

- Disponibilité des pièces détachées

Les fournisseurs n'ont aucune difficulté à se procurer des pièces détachées pour des appareils de cet âge.

- Fournisseurs

La Cinémathèque a recours aux services de fournisseurs sur deux plans :
 • Deux entreprises pour l'achat de machines :
    - CEV (Cité Électronique Vidéo)
    - Sono Vidéo Inc.

• L'entretien des machines

L'entretien est effectué par un technicien travaillant en permanence pour le groupe multimédia Vision Globale. Les équipes de la Cinémathèque apprécient la précision de son travail.

- Capacités à maintenir l'état des machines

Si la Cinémathèque est en mesure de maintenir en état ses appareils de lecture, notamment par le biais de ses fournisseurs, elle doit tout de même rester vigilante quant aux formats risquant de disparaître plus vite, notamment le format Betacam SP ou les formats optiques vidéo numérique.

d) *Constitution de bases statistiques à partir des informations recueillies*

Le résultat de ces investigations doit permettre de constituer une cartographie nouvelle du fonds, une photographie de son état physique.

Tableau obtenu pour le fonds DL :

Format	Age	Stockage	Genre	Condition
Film	2006 à 2009	Archives	Copie de projection	Excellente
Vidéo analogique	2006 à 2009	Archives	Copie de projection	Excellente
Vidéo numérique	2006 à 2009	Archives	Copie de projection	Excellente

Tableau 4 - Cartographie de l'état physique du fonds dépôt légal

Dans le cadre du DL de la Cinémathèque québécoise, la migration serait motivée par un souci d'homogénéisation et de lutte contre *l'obsolescence* de certains supports vidéo numérique. L'état du matériel est excellent.

Un tel travail de cartographie aide à se repérer d'autant mieux dans le cycle d'obsolescence des formats et permet de définir des priorités de traitement.

23

Partie 2 – Préconisations techniques et évaluation des coûts

I. Définir une politique de sauvegarde et de priorités, recommandations pour la conservation de l'existant

Dans le cadre d'un PSN appliqué au dépôt légal de la Cinémathèque, nous ferions le choix de la sélection par *critère technique*. Une exigence : *tendre à l'unicité des supports de conservation*.

La Cinémathèque ne peut exiger des déposants que le meilleur support de diffusion, d'où la disparité des formats conservés. Il est nécessaire de choisir un support de conservation unique, capable d'accepter différents formats de fichiers, et de faire migrer en conséquence les informations contenues sur les autres supports. Tout ceci en mettant en place un système de migration automatique. Il ne faut pas perdre de vue que la qualité du support visée doit correspondre à des objectifs *d'archivage à long terme*. Elle doit être supérieure ou au minimum égale à la qualité d'exploitation et doit permettre autant que possible les *exploitations futures* et la *restauration*.

L'expertise qui suit a pour objectif :
- D'analyser l'état et les conditions de conservation des fonds d'archives audiovisuelles et cinématographiques détenues par la Cinémathèque au titre du dépôt légal (DL) ;
- De préconiser des solutions de sauvegarde et de conservation des supports film et vidéo, en fonction, de leur état physique et de l'urgence et évaluer les coûts et moyens nécessaires.
Afin de mener l'expertise, nous avons procédé à des entretiens, à la visite des locaux (techniques, conservation) et à l'utilisation des outils informatiques nécessaires au référencement de la collection, en l'occurrence, la base de données Ciné TV, utilisée pour gérer l'intégralité des collections de la Cinémathèque.

<u>Les personnes rencontrées :</u>

- Mme Stéphanie CÔTE, archiviste des collections de films
- M. François AUGER, Directeur adjoint services techniques
- M. Jean Charles LAVERDIERE, technicien à la conservation du dépôt légal
- M. Michel MARTIN, technicien au catalogage des collections du dépôt légal
- M. Pierre VERONNEAU, Directeur des collections de la Cinémathèque Québécoise

<u>Les visites et manipulations :</u>

Visites du magasin d'archives de Boucherville

Manipulation de la base de données Ciné TV

A. Recommandations pour les supports film

Pour une conservation à long terme, *le conditionnement* des bobines en boite limite la propagation du vinaigre. Aux vues des supports entrants à l'heure actuelle, on peut considérer que le fonds de bobines films n'est pas voué à croître de manière exponentielle dans les années à venir. Dès lors, la question de l'augmentation de la surface de stockage ne se pose pas pour le stockage du film.

En effet, si on considère que :

1 support = 1 boîte, 476 supports en boite plastiques (soit 106 longs métrages) correspondent à 476 X 2,6 cm. = 1 237,6 mètres linéaires.

Ce qui ne représente pas un coût extravagant. Le coût du conditionnement : pour 476 Boîtes à une moyenne de 5 $ (3 €) par boîte s'élèverait à 2 380 $ (1 428 €) hors main-d'œuvre et étiquetage des boites. Les coûts moyens de main d'œuvre pour le conditionnement et l'étiquetage par boite se situent entre 1 $ et 2 $ (0,6€ à 1,30€)[11].

Nous recommandons de conserver le conditionnement actuel : Boîtes en polyester ventilées 35 mm.

---

[11] Partant sur une base de 30 boîtes cataloguées et étiquetées par heure, avec un salaire moyen de 14 $ de l'heure, soit 9 €.

Les conditions climatiques de conservation

L'excellent état des fonds film ne nécessite *pas de prises de dispositions immédiates.* Néanmoins, nous rappelons que, dans la stratégie de conservation, il est nécessaire de :

- Conserver les items dans des magasins à faible température et hygrométrie. 10°c Celsius et 40% RH nous semblent correctes.

- Séparer les fonds film des fonds vidéo par le biais de magasins de stockage distincts.

B. Recommandations pour la conservation des supports vidéo

Les supports vidéo doivent être conservés dans des *locaux différents* des supports films. Même s'il est à peu près démontré que l'acide acétique ne pose pas de problème au support polyester, il peut accélérer l'hydrolyse de l'enduction magnétique des bandes. Pour l'heure, la Cinémathèque sépare les deux supports, en ce qui concerne les fonds du Dépôt Légal pour le moins. Les films 35 mm sont conservés dans les locaux de Boucherville dans le local A ; les vidéos sont entreposées dans le local C. A noter cependant que dans ce dernier local sont conservés des films 35 mm acétate ne faisant pas partie du fond Dépôt Légal.

II. Mise en place d'un système d'acquisition des media

A. Description de la fonction acquisition

Elle consiste dans la récupération des éléments originaux, en l'occurrence les archives audiovisuelles et cinématographiques, contenues sur les divers supports listés dans le tableau de la partie consacrée à la cartographie du fonds *(Cf. : pages n°15 à n°18)* . *Collecte* et *stockage* sous forme numérique sont les deux mots clefs de la fonction. Le *media* sera stocké au format numérique, peu importe son état, analogique ou numérique, à la source.

C'est à cette étape que se décide le niveau de qualité du produit stocké, en fonction des usages ultérieurs qui pourront être faits de l'archive. Il est donc nécessaire que la Cinémathèque, dans un souci de ne pas se fermer certaines portes, envisage une possible communication des archives au grand public, dans le cas d'un élargissement de ses missions relatives au DL. Doivent ainsi être pensés :

- La qualité et les usages qui seront faits de l'archive

De l'usage du *media* dépend le niveau de qualité d'acquisition. Considérant la croissance continue des capacités de stockage et la réduction parallèle de leurs coûts, nous suggérons néanmoins à la Cinémathèque de *ne pas compresser les données media lors de l'acquisition*. Un débit peut en effet être réduit après acquisition, l'inverse est impossible sans perte de qualité.

- Le contrôle qualité

Le contrôle qualité doit être réalisé *en amont* de l'acquisition, lors de l'étape de cartographie et d'évaluation des fonds, mais également pendant le processus et en aval de ce dernier (contrôle continu du support original / comparaison qualité support orignal et version numérisée / édition d'une fiche de contrôle qualité et enregistrement de cette fiche dans une base de métadonnées associée à l'élément *media*)

- La possible restauration de certains *media*

Dans le cadre de l'opération de numérisation du fonds DL, considérant l'excellent état des *media* en cause, cette étape peut être évitée. Mais elle *devrait être considérée dans le cadre d'un plan de migration des fonds films et vidéo appartenant à la Cinémathèque*.

Le système d'acquisition/numérisation doit être constitué de plusieurs chaines, travaillant en parallèle, chacune dédiée à un format source (beta SP, beta num, film etc...). Chaque chaine est constituée :

- *D'un appareil de lecture adapté au format source*
  Dans le cadre des fonds du DL, la Cinémathèque n'a pas à se soucier de la disponibilité des pièces détachées ou des problèmes de maintenance des appareils concernés, récents du fait de la jeunesse des archives reçues. Il n'en irait pas de même si la Cinémathèque devait se pencher sur le transfert de ses fonds Umatic ¾ de pouce par exemple.
- *D'un appareil de chargement/lecture (robot) des media par lot pour numérisation*
- *D'un équipement de numérisation de haute qualité*
- *D'une étape de contrôle qualité*
- *D'un processus de gestion des media (sources et engendrés)*

Le coût total d'exploitation et de possession du système doit être soigneusement calculé. Coût à l'heure ou au Go de chaque type de format de média intégré et stocké. Ces coûts englobent :

1. Les coûts directs
   a. Prix d'achat des équipements et logiciels
   b. Coûts d'implantation et d'intégration
   c. Contrats de maintenance et support client
   d. Prix des supports de stockage
   e. Coût de personnel
   f. Coût de migrations ultérieures

2. Les coûts indirects
   a. Gestion
   b. Support utilisateur
   c. Infrastructure et logistique
   d. Formation

Ces coûts sont souvent omis dans la préparation du budget, et leur moyenne horaire peut *varier suivant les types de formats sources vidéo ou film considérés.*

La pérennité des données *media* (ou *media data*, c'est à dire *l'essence*, le contenu de l'archive. Il peut s'agir du film, du court métrage, de la séquence sonore...), objectif clef du plan de conservation, est garantie par :

• *La normalisation :*
- des formats de données, des métadonnées associées.
- des formats de fichiers de stockage
- des formats d'échange de données entre systèmes (encapsulation des *metadata*[12] et des données essence pour l'échange et le stockage : *wrappers*[13])

• *L'indépendance des formats de données des supports et des systèmes d'exploitation.*

SOLUTIONS PROPRIETAIRES	SOLUTIONS OUVERTES
Dépendance du format d'inscription «physique» et de données «essences Audio et Vidéo» propriétaires sur un support spécifique nécessitant une machine d'enregistrement et lecture spécifique.	Les formats de données numériques «essence» normalisées sont indépendantes du support et enregistrées comme des fichiers sur le support de stockage (exemple MPEG2 sur LTO). - L'exploitation des données enregistrées nécessite généralement le transfert préalable des données enregistrées dans un serveur ou une station de travail avec des disques durs ou des logiciels de traitement - L'organisation physique des données sur le support reste dépendante du moyen d'enregistrement/lecture et parfois du système d'exploitation.

Tableau 5 - Solutions propriétaires c/ solutions ouvertes, tableau comparatif

---

[12] *Metadata :* "données sur les données" (*data about data*). Une métadonnée est une information sur un document, une partie de celui-ci, une donnée, un contenu, etc. permettant de l'exploiter. Elle peut être de nature essentielle (information nécessaire pour décoder l'essence), relative à l'accès au *media*, paramétrique, relationnelle... etc.
[13] *Wrapper ou container :* format de fichier destiné à transporter un ensemble d'informations liées. Il existe deux grands types de wrappers, les wrappers de stockage qui peuvent être très basiques et les wrappers de streaming, pour le transfert de programmes entre les sources, les visualisations, la transmission et les outils de stockage.

B. Le choix du support d'archivage

Le choix d'un système d'archivage doit prendre en compte la quantité de programmes à archiver, la sécurité des données ainsi que la fiabilité du dispositif. Sont également considérés les besoins pour le long terme et les temps d'accès requis.

Les «copies visionnage» doivent être accessibles rapidement par les utilisateurs. On considérera surtout des serveurs uniquement disques durs pour ces copies. Les copies «exploitation» doivent être accessibles dans des temps «raisonnables» suivant l'usage. L'exploitation peut se faire soit à partir de copies sur étagères soit à partir de copies en robotique. Dans le cadre du DL, nous nous plaçons directement dans la situation de copies *d'exploitation*. La qualité archivage ne nécessite pas a priori des temps d'accès rapides. A noter néanmoins que si la copie d'archivage et la copie d'exploitation sont confondues (par exemple dans une robotique), il faut prévoir des copies de sécurité ou back up sur étagères.

Afin d'intégrer ses archives, la Cinémathèque devra faire l'achat, se faire prêter ou faire appel à une société prestataire de service détentrice d'une interface d'acquisition. Les outils d'acquisition et de numérisation vidéo et film sont nombreux.

Considérant le caractère mixte vidéo / film du fonds du DL, nous préconisons *l'acquisition temporaire sur disque dur d'un PC* équipé d'une carte d'acquisition/compression numérique (compatible SD/HD), puis de coucher le fichier généré sur LTO avec un driver LTO. Pour ce qui est du film, si le transfert télécinéma devait se faire avec un étalonnage par séquences alors il faudrait disposer d'un outil de montage virtuel dans le PC avec un correcteur colorimétrique le cas échéant. Nous écartons de suite la solution de la Betacam Numérique, format de compression certes sans pertes et lié à un format d'enregistrement, mais dédié à la définition standard (SD).

En outre, l'avenir n'est pas de sauvegarder dans un format d'enregistrement sur un support physique propriétaire, mais dans un format de fichier qui permet :

1. D'encapsuler un ou plusieurs formats de compression adaptés ;

2. De faire migrer facilement ces fichiers d'un support à un autre.

Le tableau suivant récapitule les outils disponibles en termes de cartes et interfaces d'acquisition vidéo SD / HD[14] :

Sociétés	Produits
Aja Video Systems	Io, Kona, Xena
Darim	Telegeny / M-Filter
Data Translation	Frame Grabbers Broadway
DVS (Digital Video System)	Centaurus, SDStationOEM
Osperey (rachat par Viewcast)	100 / 200-Family / 500-Family

Tableau 6 - Cartes et interfaces d'acquisition vidéo SD / HD

C. Le choix du format d'archivage

Il est dicté par le traitement, le stockage et l'utilisation qui sera faite de l'archive. Les paramètres à prendre en compte sont :

1. La volumétrie du fonds

L'évaluation en amont du volume de données binaires numérisées permettra de dimensionner les unités de stockage, les lieux de traitement, la main d'œuvre nécessaire, le temps d'acquisition etc.

A titre d'exemple, une heure de programme SD TV standard, non compressée requiert un débit de 166 Mbit/s à 270 Mbit/s, soit 75 à 122 Go de capacité de stockage. Le tableau ci-dessous fait correspondre la taille des fichiers *media* et leur débit en temps réel après acquisition[15].

---

[14] GOUYET J-N., GERVAIS J-F., *Gestion des médias numériques, Digital Media Asset Management*, Dunod, 2006, p. 261.
[15] GOUYET J-N., GERVAIS J-F., *Gestion des médias numériques, Op. Cit.*, p. 145.

Éléments médias numérisés	Application	Débit requis en transmission temps réel	Capacité de stockage requise
Texte			
1 page A4 texte en code ASCII 1 page A4 scannée en bitmap	Édition électronique	Pas de contrainte de temps réel mais de durée de transmission	~ 3,5 Ko ~ 40 Ko
Audio : 1 heure de programme stéréo			
Après production en studio professionnel	Son studio numérique	~ 1,5 Mbit/s	691,2 ou 864 Mo
Après compression MPEG Audio (taux 12:1 à 4:1)	Stockage audio Son de reportage	128 à 384 kbit/s	57,6 à 172,8 Mo
Images fixes			
128 × 192 (8 bits × RVB) 768 × 512 1 024 × 1 536 2 048 × 3 072 4 096 × 6 144 2 500 × 2 000 (12 bits) 6 000 × 6 000 (8 bits × RVB)	Imagettes (thumbnail view) Affichage SD/informatique Affichage HD/informatique Image film 35 mm Prépresse, Image film >≈ 35 mm Image médicale N/B Image satellite	Pas de contrainte de temps réel mais de durée de transmission et donc de temps d'attente utilisateur	0,07 Mo 1,15 Mo 4,5 Mo 18 Mo 72 Mo 7,5 Mo 108 MoS
Photo après compression JPEG (selon taille/définition/couleurs)	Imagette ou Image sur Internet		~ 5 à 150 Ko
Images animées : 1 heure de film numérisé (full frame)			
4k (4 096 × 3 072) 24p	Acquisition scanner film	9,06 Gbit/s	4,08 To
2k (2 048 × 1 556) 24p/48p	Postproduction cinéma numérique (D-Cinema)	2,26 Gbit/s / 4,52 Gbit/s	1,02 / 2,04 To

Éléments médias numérisés	Application	Débit requis en transmission temps réel	Capacité de stockage requise
Images animées : 1 heure de programme TVHD			
Après production en studio TVHD 1 920 × 1 080 pixels 1 280 × 720 pixels (HD-SDI)	Studio TVHD et film	1 à 2,5 Gbit/s 0,44 à 1,1 Gbit/s (1,485 Gbit/s)	447 à 1 120 Go 200 à 497 Go (668 Go)
Après compression MPEG-2 4:2:0 Main Profile@High Level	Cinéma électronique (e-Cinema HD)	~ 80 Mbit/s	~ 36 Go
Images animées : 1 heure de programme SDTV			
Vidéo ITU-R BT.601 (SDI)	Production en studio Postproduction	166 Mbit/s (270 Mbit/s)	74,65 Go (121,5 Go)
Après compression MPEG-2 4:2:2 Profile @ Main Level	Postproduction Liaison de contribution	50 Mbit/ 20 Mbit/s	22,5 Go 9 Go
Après compression MPEG-2 4:2:0 Main Profile @ Main Level	Liaison de distribution primaire Émission (~ qualité PAL)	8 Mbit/s 2 à 4 Mbit/s	3,6 Go 0,9 à 1,8 Go
Après compression MPEG-1	Édition multimédia (~ qualité VHS)	1,5 Mbit/s	675 Mo
Après compression MPEG-4 AVC	Vidéosurveillance, visioconférence Consultation BdD multimédia (images QCIF / CIF)	64 kbit/s à 2 Mbit/s	28,8 Mo à 0,9 Go
	Diffusion SDTV	0,5 à 2 Mbit/s	0,225 à 0,9 Go
	Diffusion HDTV	6 à 12 Mbit/s	2,7 à 5,4 Go
	Distribution D-Cinema 2k / 4k	< 135 Mbit/s ou < 250 Mbit/s	< 60,8 Go ou < 112,5 Go

Tableau 7 - Correspondance entre la taille des *media* et leur débit en temps réel après acquisition

2. La croissance annuelle en nombre d'heures

Sachant que la base de données Ciné TV, utilisée par la Cinémathèque, n'est pas pensée pour obtenir ce type d'information, les calculs qui suivent sont approximatifs et effectués manuellement.

En 2006 : 713 titres acquis

En 2007 : 1 772 titres acquis

En 2008 : 2 250 titres acquis

Depuis janvier 2009 et au 27 mai 2009 : 1 268 titres acquis.

D'après les calculs effectués pour cartographier le fonds, nous sommes approximativement à 630 heures tous les 1 000 titres acquis.

Ce qui donne une croissance annuelle plus ou moins régulière de 315 heures de films en plus reçues chaque année (soit par exemple 1 418 heures déposées en 2008 pour 1 116 heures acquises en 2007, calculs approximatifs).

A noter qu'un travail de veille statistique plus régulier et prospectif quant à la croissance potentielle des titres à acquérir serait bénéfique à la bonne gestion du plan de sauvegarde. En effet, à l'heure actuelle, seul le répertoire des films québécois sortis dans l'année, compulsés *a posteriori,* constitue une source de données utilisables pour effectuer des statistiques, mais elle n'est pas utilisée dans une visée prospective ni de conservation.

3. La répartition SD / HD

Une numérisation engendre une très grosse quantité de chiffres binaires. Il faut en réduire le débit pour en faciliter le stockage et le transport ; une compression des images et du son est donc nécessaire. Le débit numérique généré par la vidéo HD étant plus important que celui généré par la vidéo SD, le taux de réduction sera proportionnellement plus élevé.

La réduction de débit des images animées répond à des normes et standards, majoritairement mis au point par le *Moving Picture Experts Group* (MPEG). C'est la norme JPEG 2000 qui s'applique aujourd'hui au cinéma numérique. La présence des deux types de définition, SD et HD, à la Cinémathèque, contraint à un format d'archivage pivot, compatible SD/HD. Parmi les choix possibles, le MPEG2, le H264 AVC ou le JPEG 2000[16]. Tout ceci entre 50 et 100 Mb/s avec deux niveaux de compression : un pour la SD par exemple entre 30 à 50 Mb/s et un HD, entre 50 et 100 Mb/s.

Dans le cas du fonds dépôt légal de la Cinémathèque, cette compression se fera au moment de la numérisation, ou de la migration du *media* source. Elle permettra :

- d'augmenter les capacités de stockage,
- d'assurer la plus grande pérennité possible des données,
- de gérer leur migration d'un système de stockage à l'autre
- éventuellement, une consultation ultérieure des éléments média pour des besoins de recherche ou de commercialisation.

---

[16] A noter que ce format est déjà adopté par les archives nationales du Canada, au Centre de Gatineau, et couché sur support LTO 4.

4. La fréquence d'accès aux images

Le mandat de la Cinémathèque concerne uniquement la conservation et l'archivage des titres versés au DL. Pour l'heure il n'est pas question de communication au public. Peut-être parviendra-t-on à négocier des licences d'utilisation, mais pour le moment il ne s'agit que de *conserver*. La solution d'un serveur sur disque dur apparaît donc comme un luxe dont la Cinémathèque pourrait se passer dans un premier temps. Un système bande LTO paraît suffisant.

Le Linear Tape Open (LTO) est un système de stockage sur bande magnétique au format ouvert (licences disponibles depuis janvier 2007), développé à la fin des années 1990 par Hewlett-Packard (HP), International Business Machines Corporation (IBM) et Seagate Technology (compagnie californienne spécialisée dans le développement et la production de disques durs). En 2009, leader sur le marché des bandes et lecteurs de bandes moyenne gamme, la technologie LTO en est à la quatrième génération : la LTO 4 (2007), dont la capacité native est de 800 GO, débit 120 Mo/s (pour des données non compressées). A l'étude, la LTO 5 (1,6 To à 180 Mo/s, licence disponible) et la LTO 6 (3,2 To à 270 Mo/s, à l'étude). La durée de vie du média stocké sur LTO est évaluée à 30 ans et 20 000 chargements / déchargements (d'où l'intérêt pour des collections non utilisées fréquemment).

Dans le cas d'un accès moyennement fréquent aux collections, on peut utiliser les disques MAID, avec mise en sommeil du disque pendant les phases de non utilisation (ce qui permet de réaliser des économies d'énergie et d'usure).

Le disque MAID (Massive Array of Idle discs) utilise un très grand nombre de disques pour fournir une capacité importante de stockage dans une grande densité d'implantation. La technologie MAID est plus lente que celle utilisée par les supports de stockage en ligne actuels, mais elle arrête la rotation des disques quand ils sont inactifs au delà d'une durée prédéterminée.

Lorsque le système de stockage n'a pas à être actif en permanence, notamment dans le cas d'un archivage, cette méthode permet de réaliser de grosses économies sur l'alimentation électrique et diminue la puissance calorifique dégagée, donc les besoins en climatisation. Souvent, le MAID est employé pour palier à des défauts de ventilation et de refroidissement des systèmes de stockage sur disque à très haute densité.

Enfin, dans le cas d'un accès relativement fréquent le serveur disque dur serait pertinent, avec en plus un back up sur bande LTO.

5. Le coût du stockage

Il faut compter entre 1 et 2 $ Canadien du GO (0,6 à 1,30 €) pour un serveur disque dur RAID ou MAID, soit pour les 3560 heures à 50 Mb/s entre 65 et 158 K$ (40 à 100 K€). La technologie RAID (Redundant Array of Independant Disks, ce qui signifie matrice redondante de disques indépendants) permet de stocker des données sur de multiples disques durs afin d'améliorer la tolérance aux pannes et les performances de l'ensemble. Elle concurrence la technologie SLED (Single Large Expensive Disk), plus risquée et onéreuse car basée sur l'emploi d'un disque dur unique de grande capacité, donc à prix élevé, capable de stocker beaucoup d'informations et devant la restituer dans une excellente qualité.

En outre, il faut tout même au moins un système d'acquisition SD/HD à partir des formats originaux, ce qui suppose l'achat d'un magnétoscope HD pour lire ce format. Après devis, un lecteur HD SR reviendrait à 115 K$ (74 K€) à la Cinémathèque[17]. Enfin, il est nécessaire d'acquérir un système de restitution vers la vidéo SD ou HD, ce qui représente pour l'ensemble environ 158 K$ (100 K€) et bien sûr un système de *back up* sur bande LTO.

D. Migration des fonds

1. Migration du fonds film

Le fonds film de la Cinémathèque, toujours détenu au titre du dépôt légal s'entend, étant de 115 heures à sauvegarder, un plan systématique rapide pourrait être mis en place. En effet, comme précisé plus avant, il n'y a pas de problèmes de vérification et de Remise en Etat Mécanique (REM) avant transfert au télécinéma. Néanmoins, la Cinémathèque ne dispose pas du matériel nécessaire en interne. Dès lors se pose le choix :

- D'acquérir le matériel.
- De sous-traiter le transfert à des laboratoires spécialisés.
- De se rapprocher de structures ayant possibilité d'effectuer le transfert. Nous pensons à l'Office National du Film (ONF) ou aux Archives Nationales, basées à Gatineau.

---

[17] Devis établi par l'entreprise CEV à la demande de François AUGER, Directeur adjoint services techniques de la Cinémathèque, à l'hiver 2008.

La numérisation systématique de tous les films pourrait donc se faire, en interne et en externe, en quelques mois en fonction des budgets alloués. Nous préconisons donc d'entreprendre une numérisation systématique directe en 3 mois, *une politique de sauvegarde de masse s'avérant en effet toujours moins coûteuse qu'une politique de traitement au coup par coup et étalée dans le temps.*

Si d'aventure des fonds étaient alloués au plan de numérisation, nous recommandons, au moment de la sauvegarde, de générer en même temps que la qualité archivage, une version qualité de visionnage. Si les budgets alloués à la sauvegarde n'étaient pas suffisants pour tout sauvegarder rapidement, il faudrait bien entendu procéder à une sélection et établir des priorités dans les fonds à transférer.

Les coûts

- En cas de *prestations externes*

Transfert télécinéma : Entre **388 $ et 544 $ par heure de programme (250€ à 350€)** sur support numérique (en fonction du niveau d'étalonnage demandé), soit **54 K$ (35 K€)** en moyenne pour les 115 heures de film à numériser. Coût moyen supports : 35 $ (22 €) par heure en moyenne (sans enregistrement de secours)

- *Prestations en interne*, sous-traitance par des structures telles que l'ONF ou les Archives Nationales

Il faudrait prendre en compte des paramètres comme :

- L'achat de matériels complémentaires.
- Le coût de 1 technicien télécinéma (Salaires + charges) :

- Salaire horaire moyen : 20 $ de l'heure (12 €)
- x 4% (compensation avantages non reçus (assurance groupe, jours fériés)
- x 6% (vacances)

Total hors charges patronales .... 22,00 $ / 14 €
Charges patronales, x 12% .... 2,64 $ / 1,7 €
Total TTC / heure .... **24,64 $ / 16,00 €**

x 35 (salaire semaine) .... 862,4 $ / 555,00 €
Total salaire moyen annuel .... **44 844,8 $ / 28 800,00 €**

- Le coût des supports : 35 $ par heure en moyenne (22 €), soit 35 x 115 (sans enregistrement de secours)

	Technique	Coût techniciens en interne /an K$	Coût techniciens en interne /an K€
Télécinéma		44,8	28,8
Coûts supports		4	2,7
TOTAL		48,8	31,5

Tout ceci sans compter les coûts de maintenance du matériel.

2. Migration du fonds vidéo

La sauvegarde en numérique des BETACAM SP peut apparaître, à court et moyen terme, comme non prioritaire, sauf à mettre en évidence des problèmes émergents sur ces supports. En effet l'exploitation en lecture du BETACAM SP est pérennisée à travers la gamme de magnétoscopes ½ pouce BETACAM Numérique, BETACAM SX et IMX. Cependant, dans une optique de migration vers support unique, il est important d'inclure les 1085 heures sur BETACAM SP dans notre plan de numérisation. D'autant plus que dans un contexte d'archivage en fichiers sur stockage de masse robotisé, il est nécessaire de numériser ces supports pour rendre accessible leurs contenus plus facilement. Leur exploitation est automatisable ce qui simplifie les processus d'acquisition.

Une numérisation à partir de BETACAM SP en fichiers MPEG2/JPEG2000 peut être estimée à environ **46 $ à 109 $/ heure programme** (29,5 € à 70 €), hors supports et fonction de la volumétrie et du type de fichier.

A noter que les coûts unitaires de transfert sont très dépendants de la volumétrie du fonds à traiter et de la mise en concurrence des prestataires de service. *Une évaluation précise de ces coûts nécessiterait des demandes de devis auprès des professionnels.*

III. Choix d'un système de stockage des media

A. Description de la fonction de stockage

A ce stade, trois choix s'offrent à la Cinémathèque :

      a. Le stockage au niveau maximum de qualité (recommandé).
      b. Le stockage sous forme compressée.
      c. Les deux, en vue d'une utilisation variée de l'archive.

Le stockage a pour objectif : le stockage des métadonnées issues de l'analyse/indexation effectuée en amont; d'assurer la plus grande pérennité possible aux données ; de gérer les migrations de données d'un système de stockage à un autre ; et enfin de rendre accessible les données *via* un système de réseau.

Il existe une hiérarchie des supports de stockage. Lorsque l'on fait le choix d'un dispositif de stockage de données, il est nécessaire de tenir compte de divers paramètres :

1. La capacité de stockage (exprimée en Octets (1 octet = 8 bits, de valeur 0 ou 1).

2. Le temps d'accès aux données (exprimé en secondes).

3. Le coût à l'unité mémoire, exprimé en $ (ou €) par Go le plus souvent.

4. L'accès direct ou séquentiel à l'archive.

5. Le nombre d'accès simultanés possible.

6. La durée de vie du support d'enregistrement (notamment liée au nombre de chargements / déchargements dans la robotique associée).

Le schéma suivant établit une hiérarchie basique entre supports de stockage.

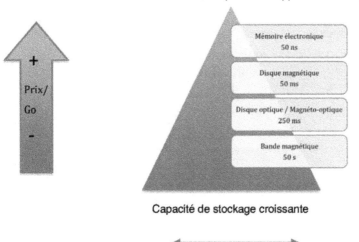

Figure 1 - Hiérarchie des supports de stockage

On distingue trois niveaux de stockage :

1. Le stockage primaire, de mémoire volatile, pour un accès rapide à de petites quantités d'informations (type clefs USB) ;
2. Le stockage secondaire, qui conserve de grosses quantités d'informations de façon plus ou moins permanente (disque magnétique d'un ordinateur) ;
3. Le stockage tertiaire, qui nous intéresse, permettant un enregistrement unique et des lectures multiples.

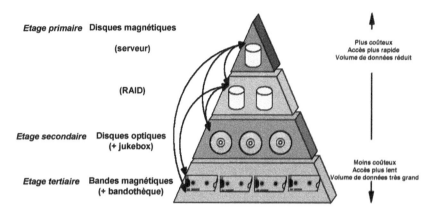

Figure 2 - Les différents niveaux d'archivage

Le graphique ci-dessus récapitule les différents niveaux d'archivage[18].

• L'étage primaire rend les données accessibles 24h/24h. Il correspond aux disques magnétiques du serveur. Il peut être utilisé dans le cadre de la consultation, en ligne et à la demande, d'archives audiovisuelles par exemple.

• L'étage secondaire permet un accès aux données par périodes. Il peut s'agir d'un jukebox de disques magnéto-optiques.

• L'étage tertiaire correspond à un besoin ponctuel d'accès aux données. Il peut consister en une bandothèque robotisée (*near-on line*) ou en un système d'archivage sur étagère (*off line*). Ce niveau de stockage nous semble le plus pertinent pour la CQ, considérant le tableau suivant :

---

[18] Source : GOUYET J-N., GERVAIS J-F., *Gestion des médias numériques, Op. Cit.*, p. 169.

Les usages futurs de l'archive	Faibles
La volumétrie du fonds	Très grande
Le temps d'accès et le débit requis	Délai accepté, meilleure qualité de consultation requise, donc haut débit
Les coûts engendrés	Restreints au maximum
La sécurité	La plus élevée possible
La durée de vie du support	La plus longue possible
La durée de vie des équipements d'enregistrement/lecture	La plus longue possible
La gestion de la prochaine migration numérique	La plus aisée possible

Dans une perspective de communication future des archives, la Cinémathèque devrait envisager de mettre en place un serveur *media*, capable de stocker les données nouvellement numérisées. Un serveur *media* est un système informatique capable de stocker de grandes quantités de données sur disque dur et de mettre à disposition ces données à plusieurs clients. Il répond à plusieurs critères :

a. Capacité de stockage très importante, correspondant à la taille des fichiers *media.*
b. Très grand débit global (conditionne la rapidité de la diffusion des données).
c. Restitution constante dans la qualité et la durée du service.
d. Synchronisation de l'audio et de la vidéo à 100%.
e. Sécurisation des données en cas de panne.

Un serveur *media* est constitué essentiellement :
a. De cartes d'acquisitions audio/vidéo temps réel.
b. De codecs de numérisation, voire de réduction de débit.
c. D'unité de stockage
    i. *On-line* (baies de disques)
    ii. *Near on-line* (bandothèque robotisée ou jukebox avec disques optiques)
d. Des fonctions de transfert des données de stockage vers réseaux (par processeurs et logiciels associés).
e. De cartes d'interface réseaux vers les utilisateurs.

Selon la rapidité d'accès à l'information, le serveur media fournira trois types de stockages :

On-line	Near On-line	Off-line
(Sur disque magnétique) Accès immédiat à des quantités limités de données	(Sur disque optique, juke box) Temps d'accès de quelques 10nes de scdes à quelques mn	(Sur rayonnage) Temps d'accès de plusieurs minutes à plusieurs jours.

A ce stade, la Cinémathèque devra faire le choix d'un mode d'archivage. Si elle envisage à terme de communiquer de temps à autres les archives détenues au titre du dépôt légal, nous préconisons un archivage Near On-line, sachant que les supports conservés sur étagères sont stockés dans les entrepôts de Boucherville, à 20 km de la Cinémathèque, soit 30 mn de trajet en voiture dans des conditions idéales de circulation. A l'heure actuelle, la Cinémathèque stocke les supports du DL en mode Off-line à 100%.

Après le choix du type de stockage, vient celui du support de stockage.

1. La solution du magnétique

• Pour le stockage de masse sur bandes magnétiques, les formats d'enregistrement linéaires, type LTO ou SDLT, voire hélicoïdales, type SAIT sont les plus usités, le LTO étant leader sur le marché. Les disques magnétiques poursuivent leur avancée technologique, et devrait atteindre 6 To pour 2012 (source : LTO programme).

• Le RAID, ou baie de disques magnétiques sécurisés permet de résoudre deux problèmes :

- Les débits engendrés par la vidéo peuvent être supérieurs au débit en sortie du contrôleur d'un seul disque, ceci grâce à la lecture en parallèle, sur plusieurs disques, de l'information répartie sur ces disques. Cette approche est intéressante économiquement parlant par rapport à l'acquisition d'un disque au débit important.

- Les problèmes de tolérances aux pannes des disques, grâce à la duplication des données sur un disque miroir ou en ajoutant des informations de parité.

43

2. La solution optique

Il s'agit de techniques d'enregistrement par laser sur disque, voire sur bande.

• Les DVD et BluRay Disc permettent le stockage de masse des *media* à moindre coût (du fait de leur grande diffusion), mais sous forme compressée à l'heure actuelle. De plus, le support n'est pas reconnu pour sa stabilité.

• *Les Disques Holographiques* semblent promis à un bel avenir en matière d'archivage de masse (capacités supérieures au To et des débits jusqu'au Go/s). Cependant, la Cinémathèque ne peut se permettre un tel degré de prospection pour l'heure.

B. Solution du stockage en fichiers numériques sur supports informatiques stockés sur étagères

Cette solution permet des sauvegardes et des encodages à plusieurs niveaux de qualité (possibilité de générer et de stocker simultanément plusieurs fichiers de compressions différentes par exemple MPEG2 et MPEG4) sur un même support. Elle permet la migration des fichiers en robotique ou disque dur, ou sur un autre support, plus rapidement qu'à partir de sauvegardes en vidéo numérique. Enfin, elle permet surtout un gain important en espace d'archivage par rapport aux cassettes vidéo (magasins plus petits).

Par contre elle requiert la mise en œuvre de stations d'acquisition / encodage (vidéo vers fichiers) et d'archivage (PC + encodeurs + logiciels + MAIT ou LTO) ainsi que des stations de restitution (fichiers vers vidéo). Les processus de création et d'exploitation des fichiers sont très rapides, en témoignent la démonstration effectuée lors de la visite du 1er juin 2009 à l'Office Nationale du Film. Comme pour les formats vidéo, cette solution nécessite de la manutention pour les mouvements ainsi que des techniciens pour l'exploitation.

Une station d'acquisition / encodage permet d'acquérir le son et la vidéo, de les compresser et les stocker sur support bande sous forme de fichiers. Elle se compose :

- D'un micro ordinateur bi processeur.
- D'une carte d'acquisition/ compression vidéo type VELA RESEARCH ou MATROX.
- D'un stockage disque dur temporaire.
- D'un lecteur enregistreur informatique (MAIT, LTO…).
- De logiciels de pilotage.

Une station de restitution permet de transformer le fichier sur support informatique en signal vidéo enregistrable. Elle se compose :
- D'un micro ordinateur bi processeur.
- D'une carte de décompression vidéo.
- D'un stockage disque dur temporaire.
- D'un lecteur enregistreur informatique (SAIT, LTO…).
- De logiciels de pilotage.

Le coût d'une station d'acquisition dépend en grande partie du choix de la carte numérique et de l'ordinateur. Le prix d'une très bonne station d'acquisition unitaire à 50 Mb/s peut être évalué à environ **78 K$** (50 K€), on peut effectuer un travail correct avec une station dont le prix démarre à **54 K$** (35 K€).

C. Stockage en fichiers numériques sur un support informatique en robotique

Les magasins robotisés optimisent la place (faible encombrement au m^2) et le temps d'accès au contenu (en minutes). La gestion d'un système robotisé nécessite à priori moins de techniciens mais des compétences différentes (administrateurs systèmes et réseaux).
Le coût complet ainsi que le coût total de possession d'une installation d'archivage robotisée doivent prendre en compte :

- Les coûts des hardwares et des logiciels, leur mise à jour et intégration.
- Le coût des opérations de maintenance.
- Le coût des *media*.
- Le coût d'acquisition des données (numérisation ou import des données).
- Le coût de l'archivage et des copies de sécurité.
- Les coûts de migration.

D. Évaluation des coûts

On évalue les formats/ lecteurs robotiques selon différents critères de choix, en particulier la pérennité des offres. Aujourd'hui le leader se trouve être le LTO Ultrium du consortium IBM-SEAGATE-HP, racheté par QUANTUM, format de cartouche à largeur de bande ½ pouce, très répandu en robotique multi-constructeurs (robotiques type ADIC ou STORAGE TEK) voire en stockage sur étagères.

Il est conseillé d'étudier et de négocier les coûts de changement de *media* (migration future) dans le cas d'une robotique multi-constructeur dès l'investissement.

Dans tous les cas, une *migration media complète*, vers le même ou un autre *media*, *tous les 5 ans et avant 10 ans*, est à envisager pour assurer la sécurité des données (durée de vie des bandes et des technologies), notamment du fait des problèmes de lecture intergénérationnelle. En effet, un lecteur LTO 4 est en mesure de lire une cassette LTO 3 et 2, mais ne lira pas la première génération. Considérant la rapidité des avancées technologiques, on pourrait même planifier une migration totale aux 3 ans.

En ce qui concerne le lecteur, différents critères de choix s'offrent à la Cinémathèque :

- La pérennité de la technologie et du *media*.
- La fiabilité des lecteurs et du stockage et le coût de vie global.
- Le coût du stockage au Gigaoctet (GO).
- La capacité, permettant une densité plus importante de bande dans une robotique.
- Le débit, permettant des transferts plus rapides.
- Le temps d'accès maximum, permettant des copies plus rapides.

Le LTO est livré par toutes les sources. Le prix du stockage ramené au Go n'est pas discriminant : 1 $/Go (0,6 € du Go).

Au regard de sa pérennité, le LTO est un format relativement jeune (2001) mais qui a su s'imposer et prendre une part de marché significative. *Son point fort* est d'être multi - sources (IBM-Seagate -HP). *Son point faible*, de possibles problèmes de relecture entre équipements de différents constructeurs[19]. Il faut de plus considérer l'« Annonce » de compatibilité ascendante sur deux générations (la génération N peut relire N, N-1 et N-2), soit un écart entre produits compatibles de 3 ans environ.

Concernant les ventes, on vend maintenant plus de librairies LTO que de librairies SDLT[20].

Les performances des différents constructeurs sont variables : HP est aujourd'hui le leader, IBM et Certance (aujourd'hui détenu par Quantum) proposent des bons produits. Là aussi le *media* est peu abîmé à l'utilisation grâce à la faible «agressivité » de la technologie linéaire qui s'applique dessus. En outre, les coûts de maintenance sont normalement faibles sur la technologie linéaire.

Quant aux capacités de stockage, elles vont s'accroissant :

3,2 TB compressés (360 Mb/s de taux de compression) pour la 5ème génération (prévue pour 2010), 6,4 TB (540 Mb/s) pour la 6ème génération, encore à l'étude.

Capacité, débit, temps d'accès max. : 360 MB/s (2 :1 de compression) 35 Mo/s natif - 46s - performances satisfaisantes pour la plupart des applications.

Le coût d'un lecteur LTO avoisine les 14 K\$ (9 K€) (version non-robotique, *les versions lecteurs pour robotiques sont plus coûteuses*).

A noter que pour la restitution de programmes en cassettes informatiques sur étagères, plutôt que des stations de restitutions «unitaires », une petite robotique chargée manuellement est envisageable et faciliterait l'accès aux données *media*.

A titre d'exemple, une petite robotique ADIC de 60 cassettes et 2 enregistreurs lecteurs LTO se situe entre 77 et 108 K\$ (49 et 69,5 K€) un système complet de restitution est évalué entre 123 et 154 K\$ (79 et 99 K€)[21].

---

[19] Source : entretien avec Jean Varra, Directeur adjoint à la Direction des archives de l'Ina.
[20] Source : "Freeman Reports Study Shows LTO-Based Super Tape Drives Continue Market Share Leadership". Business Wire. FindArticles.com. 15 Jul, 2009.
http://findarticles.com/p/articles/mi_m0EIN/is_2005_July_28/ai_n14834425/
[21] Source : entretien avec Jean Varra, Directeur adjoint à la Direction des archives de l'INA.

- Les leaders sur le marché robotique sont STORAGE TEK (racheté par Oracle) et ADIC (racheté par QUANTUM, et leader sur le marché de robotique 1/2" en 2002 selon l'étude World Wide Tape Automatisation Forecast & Analysis, 2001-2006 – source : communiqué de presse ADIC).

- Les solutions robotiques ADIC ont pour avantage de ne pas être liées à un constructeur de lecteur et peuvent s'adapter à tout *media*, les 1/2" existants sur toute la gamme, ce qui offre un gage de pérennité de l'investissement. Reste à vérifier la satisfaction d'utilisateurs ADIC dans le métier audiovisuel (fiabilité effective), le nombre de ventes d'un produit donné pour s'assurer de sa pérennité et le coût de passage d'une technologie 1/2" à une autre au sein d'une robotique donnée.

Les centres de coût d'investissement les plus importants sont les *media* et la robotique soit : 1$/GO en moyenne pour une robotique de 700 TO (0,6 €) (0,6 $/GO pour une robotique de 1,2 TO, soit 0,3 €), 0,8 $/GO en moyenne pour les *media* (soit 0,5 €).

Il faut toutefois prendre en compte que plus la robotique a une grande capacité de stockage, plus son coût rapporté au GO est faible.

La robotique n'est qu'une partie d'un système serveur / réseau dont les coûts ne sont pas négligeables. Ainsi, pour calculer un coût complet technique au GO, il faut intégrer le coût de tout le dispositif technique : serveur, logiciels, systèmes d'acquisition, les *media* avec ou sans back up (dans le cas d'un archivage *near online*, nous recommandons un back up sur bande LTO en étagères), les coûts de maintenance annuelle qui peuvent varier entre 7% et 15 % du coût du dispositif. Ce coût peut varier de 3 $ à 8 $/ GO selon la taille de la robotique (2 € à 5 € du Go) et le type de configuration et le niveau de compression des données. Une étude de cas spécifique à la Cinémathèque, avec une analyse fine des usages et des services attendus, permettrait d'obtenir des coûts précis.

Estimation des coûts d'archivage en numérique

Coûts moyens rapportés à l'heure de programme des différentes solutions d'archivage[22]

$/h €/h	Support Vidéo sur étagères		Support Informatique sur étagères		Support Informatique en robotique (media + robotique)	
	1 média	Avec media secours Sur étagères	1 média	Avec Media secours Sur étagères	1 média	Avec Media secours sur étagères
Qualité haute	32 / 20,5	58 / 37	23 / 15	40 / 26	46 / 30	63 / 40,5
Qualité moyenne	23 / 15	40 / 26	11 / 7	22 / 14	23 / 15	35 / 22,5

Tableau 8 - Estimation des coûts d'archivage en numérique

Coût moyen d'investissement d'un système complet d'archivage/exploitation en robotique avec Back up (secours) sur étagères[23]

Robotique /media	Qualité haute			Qualité moyenne		
Capacité en heures	10000	25000	50000	10000	25000	50000
Coût sans secours	1677 K$ / 1090 K€	2000 K$ / 1290 K€	2679 K$ / 1730 K€	1454 K$ / 935 K€	1632 K$ / 1050 K€	2032 K$ / 1310 K€
secours sur étagères	170 K$ / 110 K€	430 K$ / 277 K€	861 K$ / 555 K€	85 K$ / 55 K€	215 K$ / 138 K€	430 K$ / 277 K€
Coût total	1845 K$ / 1190 K€	2462 K$ / 1590 K€	3540 K$ / 2280 K€	1539 K$ / 990 K€	1846 K$ / 1190 K€	2462 K$ / 1590 K€
Coût rapporté à l'heure (avec secours	185 $ / 120 €	98 $ / 63 €	71 $ / 45 €	154 $ / 98 €	74 $ / 47 €	49 $ / 30 €

Tableau 9 - Coût moyen d'investissement d'un système d'archivage en robotique, avec back up sur étagère

---

[22] Source : Cours d'expertise de fonds audiovisuels, Jean Varra, Ina'Sup 2008-2009.
[23] Source : Cours d'expertise de fonds audiovisuels, Jean Varra, Ina'Sup 2008-2009.

<u>La consultation / visionnage, le système de stockage sur disque dur</u>

La valorisation des archives peut également consister dans la consultation du catalogue en ligne. Si dans l'immédiat la Cinémathèque ne dispose pas des autorisations nécessaires, il peut être utile d'estimer les coûts probables d'un accès rapide aux archives, obtenu par la mise "en ligne" de qualité "visionnage" sur serveur disques durs avec des codages :

-MPEG 4 en Intranet

-MPEG4, Windows Media 9, Real Vidéo ou H264 pour la consultation en Internet/extranet.

Considérant de la prolifération des décodeurs multi-formats et des logiciels de transcodage en temps réel, il n'est plus si difficile d'opérer un choix d'encodage de nos jours. Les solutions sécurisées les plus répandues pour le stockage et l'accès sur disque dur consistent à utiliser une architecture *stockage serveurs NAS (Network Attached Storage) sur réseau.* Cette solution permet de rajouter progressivement des serveurs NAS sur le dispositif sans avoir à changer d'architecture.

Chaque serveur NAS peut supporter en moyenne jusqu'à 35 Téra-Octets par jukebox et jusqu'à 12.5 Téra-Octets de cache RAID-5, intégrés dans un réseau. Pour un coût moyen de 1,5 $ au GO (0,9 €). Attention selon les constructeurs, les coûts peuvent varier du simple au double. Ce système combine la technologie RAID avec des juke-boxes de disques optiques numériques pour offrir une solution d'archivage aux données qui doivent être toujours disponibles et qui ne sont pas modifiées fréquemment. Les capacités respectives du cache RAID et des juke-boxes peuvent être adaptées aux besoins de l'utilisateur. Les accès en lecture/écriture sur le cache configurable sont sécurisés.

Le serveur NAS permet un archivage long terme sur des *media* optiques standards (DVD ou BluRay Disc), ne nécessitant aucun back-up additionnel. Dans le juke-boxe l'utilisation de *media* réinscriptibles ou Worm est possible (respect de l'archivage long terme et de la gestion d'informations additionnelles).

Dans un système NAS, les procédures d'administration du système, telles que l'accroissement de la taille des volumes, la migration automatique des données, la gestion des *media* "*off-line*", la gestion des fichiers, sont à prendre en compte.

Le coût en stockage informatique est bien inférieur à celui des cassettes vidéo. Il devient très avantageux, même aux débits supérieurs, et il occupe moins de place sur étagères que les cassettes vidéo. De plus, il est à noter qu'il est plus facile d'optimiser la place d'enregistrement sur support informatique que sur cassette vidéo. Les stations d'acquisition «unitaires » à 50 Mb/s sont à des coûts sensiblement semblables aux lecteurs enregistreurs tels l'IMX et le BETACAM Numérique.

Pour l'exploitation et la sauvegarde, entre support vidéo et support informatique nous recommandons le deuxième, en accord parfait avec les usages de la Cinémathèque en ce qui concerne les archives du DL :
Un support informatique sur étagères ou sur robotique nécessitera quelques adaptations d'investissements, de fonctionnement et de qualification des techniciens. A court et moyen terme, le support informatique s'avèrera plus avantageux que le support vidéo en coût et en espace de stockage et permettra une mise en robotique et des migrations futures plus faciles. Les coûts «complets » à l'heure de programme entre support informatique et vidéo sont en faveur des enregistrements sur support informatiques.

La décision essentielle qu'aura à prendre la Cinémathèque en matière de stockage concerne le passage au stockage de masse robotisé :
Aujourd'hui les coûts d'investissements initiaux en robotique et systèmes associés sont élevés. Il en est de même pour les coûts de maintenance. L'analyse des coûts montre qu'à 50 Mb/s, les coûts à l'heure de programme stocké sont beaucoup plus chers en robotique qu'en vidéo. Ils s'équilibrent en dessous de 20 Mb/s et deviennent plus intéressants pour des qualités plus basses en dessous de 15 Mb/s.

Compte tenu de la taille du fonds DL de la Cinémathèque, vouée à croître de manière exponentielle, vouloir mettre en robotique et rendre tout le fonds immédiatement accessible à des niveaux de qualité élevés nécessitera un effort financier important. Il faudra choisir une robotique suffisamment grande pour que les coûts totaux au GO soient les plus faibles, mais ne pas choisir une robotique trop volumineuse pour éviter d'avoir des coûts trop élevés pour les migrations futures et amortir l'effet des changements de technologie tous les 3 à 5 ans.

Le stockage sur étagères issu d'une sauvegarde systématique en fichiers sur support informatique permettrait d'optimiser les investissements. Dans le cas de supports informatiques et dans l'éventualité d'une communication au public, la disponibilité de ces programmes pourrait être alors semi-automatique, par exemple par insertion manuelle dans une petite robotique à la demande. Cela permettrait de limiter les investissements tout en respectant une disponibilité de tout programme en peu de temps, après le visionnage basse qualité issu du stockage disque dur. Cela nécessiterait néanmoins une gestion logicielle et humaine à adapter au préalable par rapport à l'existant.

Une autre partie des fonds, qui devrait être accessible rapidement, serait sur robotique à des débits inférieurs ou égaux à 25 Mb/s. C'est à la Cinémathèque de déterminer ce qui doit être sur étagère et ce qui doit demeurer sur robotique, aux vues des usages faits des archives.

Pour finir, nous dirons que les coûts se calculent souvent à la pièce numérisée, ou à l'heure de travail requise. Il y a toujours place à la négociation en cas de numérisation de masse. Le plus sage est d'établir un budget selon deux scénarios :

- Un transfert simple qui se déroule pour le mieux.
- Le même transfert qui ne se déroule pas dans les meilleures conditions.

Il est également nécessaire d'estimer le pourcentage des collections susceptible de rencontrer des problèmes lors de la numérisation. Sur le site en ligne du projet prestospace[24], il est fait mention d'un coût quatre fois supérieur au coût initial en cas de problèmes rencontrés. Ce qui revient à dire que pour 20% des collections dites « fragiles », la moitié du budget ira à ces 20%, l'autre moitié aux 80% restants. Il est donc logique, en cas de manque cruel de moyens, de privilégier la numérisation des 80% non susceptibles de rencontrer des problèmes.

---

[24] Adresse URL : http://prestospace.org/, page consultée le 31 juillet 2009.

Pourquoi prendre cette décision aujourd'hui à la Cinémathèque Québécoise ?

• Uniformiser le format d'archivage pour garantir la migration future des media et leur pérennité.

• Réduire les coûts de maintenance, de sauvegarde et d'exploitation de l'archive grâce à la technologie numérique.

• Les formats audio et vidéo ont une espérance de vie actuelle de 15 ans. L'obsolescence dicte la décision de les numériser. En ce qui concerne le film, cette décision est plus motivée par les possibilités de restauration et d'accès aux copies numériques que proposent les solutions numériques.

• Enfin, l'accessibilité future à l'archive attire les soutiens financiers, car il est facteur de publicité, de visibilité de l'archive, et ce sur un mode positif. C'est donc l'objectif à mettre en avant lorsque l'on fait une demande d'aide.

Partie III – Perspectives et pérennisation du plan de conservation

I. Pérenniser

A. Comment recevoir le plan

Une fois la cartographie du fonds réalisée et les préconisations techniques données, la mise en place d'une gestion des contenus est essentielle et indispensable à la bonne marche et à la pérennisation du plan. Le processus de numérisation ne permet plus de raisonner en termes de « *store and ignore system* », comme ce fut longtemps le cas dans le milieu des archives. La numérisation apporte de nouvelles exigences, requiert un environnement organisé, avec production régulière de copies de sauvegarde et vérifications, générations de métadonnées, mise en place d'un entretien et d'une surveillance du *media* numérisé, d'une veille technologique et au final d'une migration. Or, le projet de numérisation est souvent perçu comme une fin en soi, non une étape vers un usage nouveau de l'archive, ce qui biaise le résultat du projet et amène les institutions à ne pas soutenir durablement ce dernier. Il est donc important d'étudier non seulement les *modalités de mise en œuvre* du plan de numérisation en amont, mais également *l'usage qui sera fait,* en aval, des représentations numériques obtenues et les *moyens* mis en place pour permettre cet usage et sa pérennité.

D'où la prise de conscience du besoin d'obtenir un personnel qualifié et formé dans cette optique, non moins que des infrastructures dédiées. *Les financements ne peuvent être ponctuels et passagers*, il faut s'assurer d'une rentrée régulière d'argent, soit par le biais d'aides gouvernementales, soit par le rapprochement avec des structures capables de fournir un support et une expertise technique. Lorsque l'on entame un tel plan, il faut avoir conscience de son engagement à long terme, exigeant en temps et en argent.

Dans une perspective d'utilisation et de communication de l'archive, il est en outre important de créer des outils aux fonctions spécifiques, à savoir :
- Traitement robotisé des fonds reçus.
- Traitement documentaire et accès.
- Gestion physique des supports et des mouvements.
- Organisation du travail par un système de workflow.

> « Le workflow est un outil logiciel transversal, indépendant des applications spécifiques, qui permet aux utilisateurs et différents intervenants d'une chaîne de gestion d'archives d'avoir une vue dynamique et synthétique sur l'avancement des travaux dans un processus liant plusieurs métiers. Il permet de progresser dans une succession de tâches qui, à partir de la commande, doivent aboutir à la concrétisation tangible, par exemple la livraison d'un produit au client.
> Le workflow est d'abord l'analyse et la formalisation de la succession des tâches, des informations à transmettre d'une tâche à l'autre, et les liens avec les applications particulières à chaque métier.
> Le workflow est spécifique au travail et objectifs de chaque chaîne et les modèles ne sont pas reproductibles. »[25]

Il faut donc comprendre le système de workflow comme spécifique au fonctionnement de la Cinémathèque et à l'usage qu'elle fera de ses archives relatives au dépôt légal.

[25] Source : Jean Varra, cours d'expertise de fonds audiovisuels, Ina'Sup 2008-2009.

B. Recommandations

Dans l'élaboration de cet outil de gestion des contenus, il faudra prendre en considération les besoins des utilisateurs dans la mise en place du système, et formaliser le mode de communication entre artisans du système (vocabulaire commun). Il sera en outre nécessaire de veiller à ce que toutes les fonctions ou applications développées au sein du projet puissent communiquer entre elles mais aussi avec les applications externes. Par conséquent, il sera important de déterminer le degré d'ouverture de ces applications et d'étudier les passerelles entre elles.

Bien entendu, une définition des applications inexistantes actuellement s'impose (base de droits par exemple, base des images de consultation/visionnage), car elles sont indispensables au processus de valorisation des archives.

Au vu de la distinction qu'opèrent le Gouvernement québécois et la Cinémathèque entre la gestion du fonds propre à la structure et celle du Dépôt légal, il apparaîtrait également plus simple et productif de développer une base de données *dédiée au fonds du dépôt légal*.

Il est en outre important de ne pas négliger l'évaluation de l'évolutivité du système, d'en étudier une implantation progressive en se concentrant sur les parties principales du processus et d'utiliser des formats de fichiers parfaitement normalisés pour l'échange de données.

C'est à ces seules conditions que la Cinémathèque sera capable de gérer correctement son fonds d'archives, et par conséquent d'en offrir l'accès simplifié et sécurisé au public le cas échéant.

De même est-il indispensable *d'accompagner* les changements augurés par un tel projet au sein de la structure. Un plan de sauvegarde et de numérisation ne doit pas seulement aborder des aspects techniques et matériels. Il est important de tenir compte des *facteurs humains* qui entrent en jeu dans la bonne réalisation du projet. L'une des clefs de la réussite d'un projet d'envergure reste l'adhésion de tout le personnel de la structure, impliqué et motivé par le projet. Il est donc nécessaire d'expliquer les choses concrètement à l'équipe et de lui faire prendre conscience des enjeux qui résident derrière cette évolution.

La direction générale doit donc s'impliquer et maîtriser les tenants et aboutissants du projet pour y associer son personnel. Ainsi sera-t-elle capable de donner au personnel intervenant une culture générale commune pour comprendre l'évolution globale du processus de numérisation / archivage dans le cadre du tout numérique, de la convergence du monde de l'audiovisuel et de l'informatique et des réseaux. L'équipe devra aussi acquérir un vocabulaire technique informatique et être préparée aux évolutions futures du métier d'archiviste audiovisuel.

II. Communiquer

A. Faire valoir la mission de la Cinémathèque, communiquer autour de son action

Considérant les efforts financiers et humains que représente la mise en place d'un tel plan, il serait contreproductif de délaisser la dimension publique de l'opération.

La Cinémathèque jouit pour l'heure d'une excellente image dans le petit milieu des archives audiovisuelles et cinématographiques. Elle bénéficie cependant en grande partie des retombées médiatiques de ses actions passées. Pourtant, elle n'est pas moins active que voilà 40 ans.

En effet, la Cinémathèque reste un pôle important dans le domaine de la culture audiovisuelle et cinématographique québécoise. Sa programmation, riche et variée, attire toujours l'œil admiratif de ses semblables et parvient à lui assurer une fréquentation régulière. Elle est sollicitée pour des projets de grande envergure, comme le projet *Éléphant,* et demeure une structure capable de réaliser de beaux projets culturels comme les *Sommets du cinéma d'animation*, qui vont vivre en 2009 leur 8ème édition. La Cinémathèque constitue également un partenaire privilégié des nombreux événements culturels que la ville de Montréal accueille chaque année, notamment dans le cadre du festival du film fantastique, *Fantasia,* ou pour ce qui fut une première en 2009, *la Fête du Cinéma,* en partenariat avec la revue *24 images.* Enfin, la structure est souvent sollicitée pour fournir des extraits de films à certaines productions.

Comment expliquer son absence quasi totale de présence sur la scène médiatique ? Comment comprendre le fait que la Cinémathèque ne soit pas citée dans les campagnes promotionnelles du projet *Éléphant ?*

<u>B. Recommandations</u>

Nous voyons deux mesures à prendre en urgence à ce sujet :

D'abord, la mise en place d'outils appropriés à une bonne communication, modernes et efficaces. Nous entendons bien sûr en priorité de réaliser un site Internet géré *en interne* par la Cinémathèque, ou du moins par *un unique prestataire de service*, interlocuteur privilégié et réactif aux désirs de la structure. L'outil devra être la vitrine de la Cinémathèque, d'autant plus que celle-ci a décidé de délaisser le format papier et de ne communiquer sa programmation que sur format électronique désormais. Il faut donc offrir à l'une des plus-values de la structure un écrin capable de séduire et d'attirer le public.

Attirer le public, telle est l'une des missions clef de la Cinémathèque, qui ne doit pas se contenter d'accueillir ce dernier. Elle est également responsable de son éducation à l'image. Il est bel et bien question de conquérir et non plus de se contenter de régner. Un *site Internet* digne de ce nom, à l'heure de l'hyperconsommation des images via les *hypermedia*, contribuera à accomplir cette mission. Une bonne conception dudit site permettra en outre de créer des antennes sur diverses plateformes de diffusion d'images animées, telles que Youtube, ce qui poussera la Cinémathèque à aller chercher son public où il se trouve.

Le deuxième levier à actionner est celui de la négociation et de la lutte pour la visibilité médiatique. Trop souvent le nom de la Cinémathèque n'est pas cité dans les communications faites autour de projets culturels de grande ampleur. A titre d'exemple, *Éléphant* bien sûr, ou encore plus récemment lorsque l'œuvre de Norman McLaren entre au registre de la mémoire du monde de l'UNESCO, sur les efforts cumulés de multiples institutions culturelles clefs du secteur de l'audiovisuel et du cinéma, y compris la Cinémathèque, qui n'est pas citée une fois dans le communiqué de presse, contrairement aux autres institutions. Cette lacune doit absolument être comblée. *A l'heure où l'image que l'on véhicule compte autant que les actions que l'on mène, si ce n'est plus, dans l'obtention de crédits auprès du public et de ses pairs, il n'est pas productif de s'investir autant dans un projet et de ne pas en récolter bonne presse auprès du public.*

III. *Valoriser*

<u>A. Obtention de licences d'exploitation et extension de la mission de la Cinémathèque</u>

A la lecture du mandat fixant les conditions d'implication de la Cinémathèque dans la sauvegarde des fonds versés au titre du dépôt légal, pour l'heure, la structure n'a d'autres objectifs à se fixer que la conservation pure et simple dudit fonds.

Cependant, la Cinémathèque ne cache pas son envie et son projet d'obtenir des droits d'exploitation, même limités dans un premier temps, sur les titres reçus, ceci en grande partie du fait que l'opération de numérisation offre des possibilités accrues de communication de l'archive au grand public, à moindre coût, dans des délais corrects et au niveau de qualité souhaité.

Plusieurs raisons à cela :

1. Une confortation de sa mission de transmission du patrimoine audiovisuel et cinématographique canadien / québécois ;
2. Un renforcement de son rôle et de ses missions au sein du projet dépôt légal du gouvernement québécois ;
3. La possibilité de tirer des revenus de la communication des archives, lui permettant d'accomplir ses missions.

Cependant, considérant les récents crédits accordés à la structure pour le démarrage du « grand chantier de traitement de ses propres collections », la question d'obtenir des licences d'exploitation sur le fonds DL est mise entre parenthèses. Dès lors, le présent plan a plus pour fonction de tracer des lignes directrices pouvant être suivies par la Cinémathèque dans le cadre du traitement de ses propres collections. Néanmoins, envisageant l'éventualité de levées de droits, nous avons quelques recommandations à formuler à ce sujet.

B. Recommandations

La mise en ligne d'archives de télévision ou de films nécessite de remplir, au préalable, certaines conditions. Il s'agit d'abord de procéder à la *numérisation* et la *description documentaire* des archives. Ensuite, il est nécessaire de les libérer de leurs droits, de gérer numériquement lesdits droits et de choisir une technologie de compression et de diffusion de l'archive en ligne. Considérant avoir traité assez largement de la numérisation en partie II du présent, et tenant compte de l'expertise actuellement menée par les équipes de la Cinémathèque sur le renseignement des fiches documentaires propres à ses collections, nous nous consacrerons ici au deuxième point, la question des droits et de la mise en ligne.

a) La levée des droits

Cette étape nécessite de s'aliéner les services d'une personne compétente en matière de droit canadien, capable de négociation et d'argumentation auprès des ayants-droit d'une part, et des autorités administratives de l'autre, considérant le statut des archives à valoriser et les raisons qui font qu'elles sont entre les mains de la Cinémathèque. Ne pas omettre non plus dans la discussion Bibliothèque et Archives nationales du Québec (BAnQ), en charge du dépôt légal d'après la loi de 2005.

L'accord des ayants-droit est indispensable à la mise en ligne des archives si l'institution ne dispose pas elle-même des droits. La mise en ligne d'archives requérant l'enregistrement de celles-ci sur un serveur, l'organisme exécutant cette mise en ligne procède à « une reproduction de l'œuvre, dans le but de mettre celle-ci à la disposition du public »[26]. Mettre en ligne des images animées revient donc à une nouvelle forme de publication. L'autorisation des auteurs, moyennant finances (proportionnelles aux recettes si exploitation commerciale) ou non, est donc indispensable à la bonne marche du projet, sous peine de se voir accusé de contrefaçon. Qu'il faille passer par l'intermédiaire de sociétés de gestion collective ou s'adresser directement aux auteurs, le processus peut-être long et laborieux avant d'obtenir les droits de publication.

La loi sur les droits d'auteurs au Canada n'évoque pas le cas d'Internet. Néanmoins, la mise en ligne d'archives correspond à une nouvelle diffusion, et implique donc d'obtenir l'accord des ayants-droit. Un processus de réforme de la Loi sur le droit d'auteur a été lancé

---

[26] André Bertrand et Thierry Piette-Coudol, *Internet et le droit*. Paris, PUF, coll. *Que sais-je ?*, 2000, p.34.

en 2001 par les ministères de l'Industrie et du Patrimoine canadien, afin notamment de l'adapter au contexte des nouvelles technologies numériques et d'Internet. Il a abouti au projet de loi C-60, qui a été abandonné au moment de la dissolution du Parlement en 2006. Un nouveau projet de loi C-61 a été déposé en juin 2008, et attend d'être voté. En 2009, au vu des pratiques de l'Office National du Film et de Radio-Canada par exemple, les accords au cas par cas semblent être la règle. Un processus lourd et laborieux qui ne fait qu'accroître les délais de mise en ligne des collections disponibles à la consultation.

Il sera également important de mettre en place un système de protection des archives communiquées sous forme de fichiers vidéo, via un système de *Digital Right Management* (*DRM*) ou de tatouage numérique. La protection par DRM fonctionne avec un cryptage DivX qui permet au seul utilisateur autorisé de visualiser la vidéo. Certains lecteurs permettent à l'acheteur de graver la vidéo et de la visionner sur un lecteur de salon certifié. Il est donc nécessaire d'inscrire son lecteur DVD sur le site de DivX afin de bénéficier des droits de visualisation. Le tatouage numérique, ou *watermarking* (émanant de la technologie Thomson), est une marque invisible placée sur le flux vidéo, afin de permettre d'identifier et de marquer l'acheteur de la vidéo, au cas où, par exemple, un fichier serait retrouvé sur des réseaux de partage illégaux. Cette marque est indétectable et résiste à tout traitement de l'image, tel que les compressions ou les rotations. Une autre solution serait de fonctionner uniquement avec le *streaming* et de ne pas autoriser les téléchargements. Cela permettrait de limiter les utilisations frauduleuses des fichiers, telles que des mises en ligne sur des réseaux de partage illégaux.

b) Le choix d'un format de consultation

Il est ici question de la démocratisation de l'accès de l'archive au grand public et l'utilisation d'une technologie, ouverte ou propriétaire. L'accès au plus grand nombre suppose l'utilisation de technologies répandues. C'est ce que font par exemple des institutions comme l'Ina, la BBC, Société Radio-Canada, l'ONF, le Forum des Images. Les visionnages sur le site de l'Ina fonctionnent pour les utilisateurs ayant une connexion ADSL ou le câble (512Kb/s minimum) et équipés des principaux systèmes d'exploitation (Windows XP ou 2000, Linux, ou MacOsX), des navigateurs (Firefox, Internet Explorer 6, Safari 2, Camino 1.0, ou Maxthon) et des plugins de visionnage (Quicktime) les plus répandus. Les fichiers équipés de DRM, visionnés hors ligne après un achat ou une location, peuvent être lus sur une platine de salon certifiée DivX ou avec le système DivX Player 6 compatible avec les principaux systèmes d'exploitation. Quant aux fichiers sans DRM, ils peuvent être lus encore plus facilement avec les lecteurs les plus courants : VideoLan VLC, DivX Player 6, Windows MediaPlayer, MediaPlayer Classic, RealPlayer, BsPlayer, QuickTime 7.0.4, ou sur une platine de salon certifiée DivX. Le site de Société Radio-Canada, fonctionne quant à lui avec Windows Media Player, les systèmes d'exploitation Windows et Mac, et les navigateurs Internet Explorer 6.0, Mozilla Firefox (version 2.0) ou Safari. Tout ceci offre un large accès à l'archive aux internautes.

Le choix entre technologie propriétaire et technologie ouverte suscite le débat. En effet, les technologies ouvertes sont dites favoriser le piratage des fichiers. Pourtant, faire le choix d'une technologie fermée/propriétaire c'est aussi s'exposer au bon vouloir du fournisseur. Ces derniers demandent régulièrement à être rétribués en fonction du nombre d'internautes utilisant leur technologie. Cela représente également une dépendance envers ces sociétés, ce qui peut être problématique lorsqu'elles changent les termes de leurs licences.

c) L'élaboration d'une base de données de consultation attractive

Si la Cinémathèque envisage à long terme la mise en ligne des archives du DL pour communication au grand public, via son site Internet, elle ne doit pas perdre de vue le caractère hautement participatif du Web 2.0. Les nouveaux usages de l'Internet que constituent les blogs, la balado-diffusion ou les mots-clés que l'internaute peut attribuer au contenu *media* en ligne, favorisent l'émergence de nouveaux comportements et de nouvelles exigences de la part des consommateurs. La pratique de la *folksonomie*, c'est à dire l'attribution par l'internaute de mots-clefs non issus d'une liste d'autorité à un contenu *media*, donne au public le sentiment de contribuer à la création, du moins à l'enrichissement des contenus en ligne. La Cinémathèque, dans son effort d'aller à la rencontre de son public, doit envisager d'utiliser les outils offerts par le Web 2.0 et inclure cette réflexion dans l'élaboration d'une base de données de consultation. Une telle démarche permettrait en outre de toucher un public plus jeune que le public régulier des cinémathèques.

La première chose à faire serait de rendre plus visible l'image animée sur la page d'accueil du site, de désencombrer cette dernière et d'en faciliter l'accès et la compréhension. Une ergonomie plus simple et aérée pourrait également améliorer l'efficacité de l'outil de communication qu'est le Site Web de la Cinémathèque, de même qu'un degré d'interactivité plus avancé, qui associerait l'Internaute à la mission patrimoniale de la Cinémathèque.

Conclusion et synthèse des recommandations

Nous préconisons donc, dans le cadre de la mission d'archivage du dépôt légal qui incombe à la Cinémathèque :

• D'entreprendre un plan systématique de sauvegarde en numérique du fonds de Betacam SP, soit 1085 heures de vidéos, sur une période d'un an. Ce plan pourrait se dérouler pour partie en interne.

Coût estimé du plan : 85 K\$ (54,74 K€)

• La pérennité de lecture des cassettes est assurée à moyen terme au travers des magnétoscopes BETACAM numérique SX et IMX. Il convient néanmoins d'être très vigilant sur l'état des bandes dans les toutes prochaines années car les premières cassettes BETACAM commencent déjà à poser des problèmes sérieux de relecture.

• D'entreprendre un plan de sauvegarde systématique en numérique des 115 heures restantes du fonds film. Ce plan peut être envisagé sur une période relativement courte de 3 mois (à raison de 38 heures numérisées par mois). Il pourrait se dérouler en externe au vu de l'absence totale d'équipement de la Cinémathèque.

Coût total estimé : 54 K\$ (34,7 K€).

De continuer à conserver les supports films dans des magasins à basse température et faible taux d'humidité (10°C, 40% d'humidité relative). Une fois les films transférés et les contenus devenus accessibles, établir un protocole de surveillance et d'accessibilité en cas de besoin.

• D'entreprendre un plan systématique de sauvegarde en numérique du fonds de supports nés numériques, soit 2 360 heures de vidéos, par migration sur support LTO 4, sur une période d'un an maximum. Ce plan pourrait se dérouler pour partie en interne, à condition que la Cinémathèque acquière un appareil de lecture HD.

Coût estimé du plan : 200 K€ (128 K€) (achat de matériel d'acquisition restitution compris, soit 115 K\$ / 74 K€). La pérennité de lecture de ces supports n'est pas en jeu ici.

Seule compte la migration de ces derniers sur un support capable d'accueillir de la SD et de la HD, dans un format JP2000 ou Mpeg2, voire H264 AVC.

Le support de migration que nous conseillons donc, considérant à la fois les pratiques qui ont cours à l'heure actuelle dans le domaine de l'archivistique audiovisuelle et numérique canadienne et les besoins immédiats de la Cinémathèque en termes de stockages et de conservation, serait le LTO 4. Nous recommandons soit un système de stockage robotisé, *near-online*, avec back-up sur bande LTO sur étagères, soit un système de sauvegarde *off-line* de fichiers informatiques sur supports informatiques (LTO) stockés sur étagère. Les investissements les plus importants résident dans l'achat des *media* et de la robotique soit 0,6$/GO (0,38 €/GO) en moyenne pour une robotique de 1,2 TO, et 0,8 $/GO pour les *media* (0,5 €/GO).

Pour l'exploitation et la sauvegarde, le choix entre support informatique sur étagères et support informatique en robotique se fera sur l'organisation et le mode de fonctionnement souhaité à la Cinémathèque : un support informatique sur robotique nécessitera des investissements supplémentaires, des adaptations de fonctionnement et de qualification des techniciens, mais *il prépare mieux les migrations futures et la possible communication de l'archive au grand public.*

Pour optimiser les investissements, il est possible d'envisager le stockage partiel sur étagères. Dans le cas de supports informatiques, la disponibilité de ces programmes pourrait être alors semi-automatique, par exemple par insertion manuelle dans une petite robotique à la demande. Cela permettrait de limiter les investissements tout en respectant une disponibilité de tout programme en peu de temps. Cela nécessiterait néanmoins une gestion logicielle et humaine à adapter au préalable par rapport à l'existant. Une autre partie pourrait être accessible sur robotique et concernerait les archives les plus susceptibles d'être demandées, du moins une sélection opérée par la Cinémathèque. Ces fonds, qui doivent être accessibles rapidement, pourraient être mis en robotique à des débits inférieurs ou égaux à 30 Mb/s. Dans ce cas de figure, une étude plus fine sur les usages et les types de fonds les plus utilisés est requise.

Concernant la pérennisation du plan, la numérisation ne fait pas tout. La gestion des archives une fois numérisées, d'un point de vue technique comme d'un point de vue éditorial, doit être prise en compte avant même de lancer le plan. Tout autant qu'il est nécessaire de *s'assurer du coût du projet et de l'apport futur de financements.* Dans le cas contraire, il est très risqué d'entamer un plan de sauvegarde sans être sûr de pouvoir le mener à terme. En effet, les avancées technologiques aidant, la structure qui se lancerait dans un plan de numérisation sans objectifs fixés à court et long terme, ni budget évalué pour la durée du plan, prendrait le risque de se retrouver dans une situation ingérable de blocage en cas de manque de financements. Avant d'entamer quoi que ce soit, la Cinémathèque doit donc s'assurer de pouvoir mener à terme chaque niveau de traitement des collections du dépôt légal, en sachant quelle part de financement leur allouer.

Une fois la mission de conservation effectuée, le succès de l'éventuelle valorisation des archives passe tout d'abord par l'accès « en ligne » au catalogue, et la possibilité d'offrir un visionnage rapide des *media* demandés.

Pour cela il est nécessaire de :

- Renseigner de manière détaillée la base documentaire relative au fonds DL.
- Créer une interface de consultation moderne, facile d'accès et encourageant la participation de l'Internaute.
- Améliorer les aspects gestions et mouvements des supports archivés par la mise en place des outils de « traçabilité » et des outils statistiques permettant de suivre les sources.
- Importer des informations fiables sur les droits.
- Définir une politique claire et la mise en place d'outils de gestion des droits.
- Associer étroitement gestion de contenus et gestion des droits.
- Mettre en place un outil de processus de travail « workflow » commun et dynamique entre les différents acteurs.
- Impliquer toute l'équipe de la Cinémathèque dans le projet, en expliquant *clairement* les objectifs fixés et les moyens mis en œuvre pour y parvenir.
- Eventuellement mettre en place un système de visionnage en qualité réduite sur serveur disque dur.

C'est à ces conditions que la Cinémathèque pourra continuer de prendre en charge le fonds qu'elle détient au titre du dépôt légal. L'heure n'est plus à la réception et au brancardage de l'archive audiovisuelle et cinématographique. Les fonds sont plus vivants que jamais. Ils requièrent une attention et une vigilance de tous les instants en ce qui concerne la maintenance, et suscitent tant d'intérêt de la part du grand public qu'il est nécessaire de démocratiser leur consultation via des plateformes de visionnage en ligne.

ANNEXES

Annexe 1 – Lettres patentes constituant en corporation Connaissance du Cinéma

-2-

Promouvoir la culture cinématographique; - - -

Créer des archives de cinéma; - - - - - - - -

Acquérir et conserver les films, ainsi que la
documentation qui s'y rattache; - - - - - - - - - - - -

Projeter les films et exposer les documents de
façon non commerciale, dans un but historique, pédagogique et artistique. -

Le nom de la corporation est

CONNAISSANCE DU CINEMA

La principale place d'affaires de ladite corporation sera à

Montréal, dans le district de Montréal. - - - - - - -

dans notre province.

Le montant auquel sont limités les biens immobiliers

que peut acquérir et posséder la corporation, est de deux

cent mille dollars ($200,000.00). - - - - - - - - - - - -

Sont nommées directeurs provisoires de la corporation les personnes suivantes, savoir: Tous les requérants. - - - - - - -

EN FOI DE QUOI, Nous avons fait rendre Nos présentes lettres patentes et sur icelles apposer le grand sceau de Notre dite province de Québec; Témoin: Notre très fidèle et bien-aimé l'honorable PAUL COMTOIS, C.P., lieutenant-gouverneur de la province de Québec, représenté par M. Jacques Prémont, conformément à l'article 2, chapitre 276, Statuts refondus de Québec, 1941.

Donné en Notre hôtel du gouvernement, à Québec, ce dix-huitième - - - jour d'avril - - - - l'an de grâce mil neuf cent soixante-trois - - - - et de Notre Règne le - - douzième.

Par ordre,

Le Sous-secrétaire de la Province

69

Annexe 2 – Historique du dépôt légal québécois

C'est en 1975 qu'un texte de loi fait mention du dépôt légal au Québec pour la première fois ; dans une loi-cadre sur le cinéma, le gouvernement québécois annonçait la création d'une « Cinémathèque nationale », et à l'article 42 on pouvait lire :

> « Le propriétaire de toute nouvelle œuvre cinématographique ou audio-visuelle produite au Québec doit en déposer un exemplaire à la Cinémathèque nationale. »[27]

Une Cinémathèque nationale qui n'a jamais existée, le gouvernement québécois ayant plus volontiers offert son aide à la Cinémathèque québécoise qui, depuis sa fondation en 1963, assumait le mandat de *collectionner et de conserver le patrimoine cinématographique québécois*. Il s'agissait plutôt de convaincre le gouvernement de reconnaître officiellement la mission de la Cinémathèque québécoise. En 1978, le gouvernement québécois, décidant de procéder à une révision en profondeur de la législation et des diverses politiques touchant le cinéma, publie un document de travail intitulé « Vers une politique du cinéma au Québec », lequel document analyse ainsi la situation de la conservation du patrimoine cinématographique québécois :

> « Présentement, on ne saurait parler de conservation systématique du patrimoine cinématographique et encore moins d'une politique de conservation. Mis à part la Cinémathèque québécoise qui se préoccupe depuis une quinzaine d'années de préserver certains films québécois, personne n'a traduit en réalité le souci latent, mais de plus en plus généralisé, d'une véritable conservation du patrimoine cinématographique. Il faut trouver une formule qui ne soit ni trop coûteuse pour l'État, ni pénalisante pour les producteurs de films québécois. »

Le document propose « *que l'État soutienne les activités de la Cinémathèque québécoise. Le protocole d'entente entre le Ministère et la Cinémathèque québécoise a été*

---

[27] Allocution de Pierre JUTRAS le 22 septembre 2005, alors Directeur de la conservation et de la programmation à la Cinémathèque québécoise, lors d'une table ronde tenue dans le cadre d'un Hommage à l'Institut National de l'Audiovisuel à Paris. Consultable en ligne, URL : http://www.cinematheque.qc.cq/depot_histoire .html (page consultée le 5/05/09).

un apport concret qui devrait se maintenir », et il conclut, « *Étant donné cette entente, la Cinémathèque pourrait devenir le dépositaire du dépôt légal.* ». Ce protocole d'entente fait référence à celui signé entre le Gouvernement et la Cinémathèque en 1978, qui mettait fin au projet de « Cinémathèque nationale ». La loi de 1983 stipule que :

> « *Le ministre peut, aux conditions qu'il détermine, reconnaître une cinémathèque et lui confier des fonctions en matière de conservation du patrimoine cinématographique et de diffusion du répertoire cinématographique.* »

En outre, « *la Cinémathèque québécoise, personne morale sans but lucratif instituée en vertu de la partie III de la Loi sur les compagnies (chapitre C-38), est, aux fins de l'application de la présente section, une cinémathèque reconnue. Une cinémathèque reconnue peut, à condition d'en assumer les frais, exiger du propriétaire d'un film produit au Québec et présenté en public qu'il en dépose un exemplaire à la cinémathèque.* » La Cinémathèque se voit octroyer une subvention spéciale de 100 000 $ pour faire tirer des copies positives dites « de conservation » d'une partie importante de la production cinématographique québécoise annuelle. Une petite portion de cette somme servira à gérer le processus (ce qui inclut une partie du salaire d'un technicien). La Cinémathèque en profite également pour faire tirer quelques copies de films plus anciens menacés de disparition.

Une gestion limitée et aléatoire du dépôt qui se poursuit sur sept ans. Ensuite, les vivres de la Cinémathèque commencent à manquer et sa survie est menacée ; il fallait un investissement plus massif pour continuer à assurer ce processus, et ce d'autant plus que le Gouvernement confie, en 1992, un nouveau mandat à Cinémathèque : *celui de conserver également le patrimoine télévisuel*. Sans nouvelle entrée d'argent rattachée à ce mandat élargi.

La loi sur le cinéma, adoptée en 1983, devant être modifiée notamment afin de tenir compte des objectifs énoncés dans une étude intitulée « *Pour une politique québécoise du cinéma et de la production audiovisuelle* » et publiée en 2002, cinq groupes furent formés dont un sur le patrimoine cinématographique. Ces groupes opéraient dans le cadre des activités du Conseil national du cinéma et de la télévision, une instance représentative du milieu du cinéma et de la télévision ayant comme mandat de conseiller le ministère en matière de cinéma. Le groupe chargé de réfléchir sur les actions patrimoniales dans les domaines du cinéma et de la télévision, auquel participait M. Robert Daudelin, directeur de la

Cinémathèque à l'époque, propose qu'un véritable dépôt légal soit enfin mis en place au Québec comme il se pratique maintenant dans plusieurs pays.

Le ministère de la Culture et des Communications organise une consultation publique en septembre 2002 à Montréal et à Québec, sous la présidence de la sous-ministre, Mme Doris Girard. Et c'est avec l'appui de tous les acteurs du milieu cinématographique québécois, incluant les différentes associations professionnelles, que prend forme un projet qui attribuera à la Cinémathèque le mandat de recevoir et de gérer le dépôt légal.

En mars 2003, la ministre d'État à la Culture et aux Communications, Mme Diane Lemieux, annonce que « *la Loi sur le cinéma sera modifiée afin d'instaurer un dépôt légal portant sur tout document d'images en mouvement produit ou coproduit par un producteur québécois et destiné à être communiqué au public par quelque moyen que ce soit. La Cinémathèque québécoise est désignée comme dépositaire des documents qui feront l'objet d'un dépôt légal et mettra en place les conditions de conservation nécessaires pour en assurer la pérennité.* » Les Archives nationales du Québec auront quant à elles le mandat de mettre en place les dispositions réglementaires concernant le dépôt légal et d'en surveiller l'application. Elles continueront aussi de conserver, conformément à leur mandat, les œuvres audiovisuelles produites par le gouvernement du Québec et les organismes publics, dont celles de Télé-Québec.

En octobre 2003, après les élections qui portent au pouvoir un nouveau gouvernement, Mme Line Beauchamp, nouvelle ministre de la Culture et des Communications, confirme son intention de poursuivre le processus d'amendements à la Loi sur le cinéma en vue d'instaurer un dépôt légal. Elle verse une aide financière de 550 000 $ à la Cinémathèque québécoise pour que l'institution réaménage son bâtiment de conservation, modernise ses équipements vidéographiques et informatiques. Cette fois, la ministre précise le contexte de l'application du dépôt légal en disant que la Cinémathèque conservera les œuvres audiovisuelles produites au Québec, et notamment celles qui ont bénéficié d'une aide de l'État. À la suite d'avis légaux, il s'avère que la Cinémathèque, une corporation privée, ne pouvait pas être dépositaire du dépôt légal, qui, de droit, appartient à l'État. La solution alors envisagée fut de lui confier la gestion et la conservation des éléments déposés tandis que les Archives nationales du Québec en seraient les dépositaires.

Pour information, il existait, depuis 1993, un dépôt légal canadien des enregistrements vidéo, géré par la Bibliothèque nationale du Canada. Des copies VHS des films étaient réclamées auprès des producteurs. Suite à la signature d'une entente entre Téléfilm Canada et les Archives nationales du Canada, les producteurs recevant une aide de l'organisme fédéral ont l'obligation de déposer à Bibliothèque et Archives Canada (nouvelle institution née de la fusion des deux organismes) deux copies 35 mm, une copie betacam numérique (ou SP) et une copie VHS de chacun des longs métrages dont le budget est supérieur à 1 500 000 $ et, une seule copie betacam numérique (ou SP), pour les productions de moins de 1 000 000 $. Les producteurs ayant reçu l'aide du Fonds canadien de la télévision sont également assujettis à l'obligation de déposer une copie betacam numérique de leurs productions. Par ailleurs, Bibliothèque et Archives Canada a obtenu l'autorisation du Ministère des Communications d'enregistrer directement par satellite les émissions des quatre grands réseaux canadiens : Radio-Canada, CBC, TVA et CTV. Les enregistrements (sur betacam numérique) se font à partir d'un échantillonnage qui privilégie, sur une base quotidienne, les bulletins de nouvelles majeurs et les émissions d'affaires publiques et, à partir d'un choix portant sur le contenu, quelques autres émissions dont les variétés et les talk-shows. De plus, une journée complète de diffusion de chacune des chaînes est enregistrée une fois par mois.

SOURCES

• Rapports annuels de la Cinémathèque québécoise et documents administratifs produits par cette dernière :
Consultation pour les données financières, mais également pour ce qui est des projets et missions de la structure.
- Rapport 2005-2006
- Rapport 2006-2007
- Rapport 2007-2008
- Rapport 2008-2009
- Demande de subventions au Ministère de la Culture, des Communications et de la Condition Féminine.

• Sites Internet :
- Site Internet du projet Presto Space, adresse URL : http://prestospace.org/, page consultée le 31 juillet 2009.
- Site de la Cinémathèque québécoise, URL : http://cinematheque.qc.ca, pages consultées du 1/01/09 au 15/09/09. Notamment pour ce qui est de la présentation que la Cinémathèque y fait d'elle-même, les modalités de consultation du catalogue et le degré d'interactivité du site. A noter que le site sera remanié à l'automne / hiver 2009.
- Entretien de Pierre VERONNEAU et Anabelle NICOUD, paru dans Moncinéma.
Cyberpresse.ca, URL : http://moncinema.cyberpresse.ca/nouvelles-et-critiques/entrevues/entrevue/8292-Pierre-veronneau—c, page consultée le 11/05/09.
- Présentation en ligne du projet Eléphant par Quebecor, URL : http://elephant.
Canoe.ca/a_propos/, page consultée le 11/05/09.
- Site Internet du *Center for Strategic & International Studies (CSIS),* consultation du *"Freeman Reports Study Shows LTO-Based Super Tape Drives Continue Market Share Leadership".* Business Wire. FindArticles.com. 15 Jul, 2009. Adresse URL : http://findarticles.com/p/articles/mi_m0EIN/is_2005_July_28/ai_n14834425/, page consultée le 15 juillet 2009.

• Entretiens réalisés du 3 mars 2009 au 4 septembre 2009 :

- Mme Stéphanie CÔTE, Archiviste des collections Cinéma Télévision et Nouveaux *Media* (CTNM).

Ces entretiens ont surtout concerné les problématiques de gestion et administration des fonds de la Cinémathèque, ainsi que les questions de traitement des collections, en particulier le catalogage de ces dernières.

- M. François AUGER, Directeur adjoint services techniques.

M. AUGER a été consulté sur des questions de matériel et de capacités de traitement physique des fonds de la Cinémathèque. Il a en outre procédé à une visite des entrepôts de Boucherville, accompagnée de précisions sur les conditions de stockage des fonds de la Cinémathèque (fonds propres à la Cinémathèque et dépôt légal).

- M. Jean Charles LAVERDIERE, technicien à la conservation du dépôt légal.

M. LAVERDIERE a été consulté sur des questions ponctuelles relatives au traitement et à la vérification des films déposés à la Cinémathèque au titre du dépôt légal.

- M. Michel MARTIN, technicien au catalogage des collections du dépôt légal.

M. MARTIN nous a fourni des informations précises sur les règles qui régissent le fonctionnement du dépôt légal, de la demande de copies à leur stockage, en passant par leur catalogage et leur vérification.

- M. Pierre VERONNEAU, Directeur des collections de la Cinémathèque québécoise.

M. VERONNEAU a pu nous éclairer, le cas échéant, sur les projets et ambitions de la Cinémathèque en matière d'exploitation de ses archives audiovisuelles et cinématographiques.

- M. Jean-Noël GOUYET, Ingénieur en techniques numériques télévision et multimédia. Entretiens relevant des techniques de numérisation, mais également de la méthodologie de travail à adopter dans le cadre de l'expertise menée.

- M. Jean VARRA, Adjoint à la Direction des archives de l'Institut National de l'Audiovisuel. Ces entretiens ont donné lieu à de multiples échanges de courriels et de points de vue, notamment pour des questions techniques.

Les cours de Digital Media Asset Management et d'expertise de fonds audiovisuels, respectivement donnés par MM. GOUYET et VARRA au cours des 2ème et 3ème semestres d'études à Ina'Sup ont également été riches de renseignements et d'informations utiles à la bonne conduite du projet.

.

• Les visites et manipulations :

Visites du magasin d'archives de Boucherville, en compagnie de Serge DESAULNIERS, technicien à la conservation des fonds Cinéma Télévision et Nouveaux *Media* (CTNM), et de François AUGER, Directeur adjoint aux services techniques.

Manipulation de la base de données Ciné TV, lors du traitement de collections et de fonds divers, à l'occasion des missions de catalogage et d'inventaire des collections et de divers nouveaux fonds acquis.

BIBLIOGRAPHIE

• Ouvrage relatif à la gestion des *media* numériques :

GOUYET J-N., GERVAIS J-F., *Gestion des médias numériques, Digital Media Asset Management*, Dunod, 2006.

• Ouvrage spécialisé dans la gestion des droits dans le monde du numérique :

André Bertrand et Thierry Piette-Coudol, *Internet et le droit*, Paris, PUF, coll. Que sais-je ?, 2000.

TABLE DES ANNEXES

TABLE DES DOCUMENTS

INDEX

TABLE DES MATIERES

82